AF602953

ÉTUDES

SUR

LA VALDUC

PARIS, IMPRIMERIE DE PAUL DUPONT, RUE GRENELLE-SAINT-HONORÉ, 45.

ÉTUDES

SUR

LA VALDUC

ET SUR LES MOYENS D'AMÉLIORER

LA SITUATION DE SES ÉTABLISSEMENTS SALINS

PAR G. ROLLAND.

BIBLIOTHÈQUE IMPÉRIALE
IMPR.

PARIS,

IMPRIMERIE ET LIBRAIRIE ADMINISTRATIVE DE PAUL DUPONT,

rue de Grenelle-Saint-Honoré, 45.

1861

I

Données diverses sur La Valduc.

1 — L'étang de La Valduc présente, au milieu des nombreux étangs salés des bords de la Méditerranée, quelques particularités très-remarquables. — Situé tout près de la mer (*Voir* le plan), et sans communication aucune avec elle, il occupe le fond d'une dépression prononcée du sol, et son niveau, qui, sous l'influence de l'évaporation et des pluies, oscille chaque année entre certaines limites, est toujours resté, depuis le commencement de ce siècle, de 7 à 11 mètres plus bas que celui de la mer. Niveau et salure de La Valduc

Une autre particularité, non moins digne d'attention, c'est la salure tout à fait exceptionnelle des eaux de cet étang. Cette salure, qui a elle-même un peu varié de temps à autre, s'est maintenue le plus habituellement, depuis une soixantaine d'années, aux environs de 17 degrés, tandis que l'eau de mer ne marque, comme on sait, que 3° 50 de l'aréomètre; c'est-à-dire que les eaux de La Valduc renferment, à égalité de volume, à peu près cinq fois autant de sel que les eaux de la Méditerranée.

Cette dernière circonstance a provoqué la création de plusieurs établissements salins, qui, en se groupant depuis les commencements de ce siècle autour de La Valduc, en ont fait un des principaux centres de production du sel dans le Midi. Leur fabrication moyenne annuelle atteignait, il y a quelques années, 45,000,000 de kilogrammes. Deux grandes usines à soude, destinées à consommer sur place une partie des sels extraits de l'étang, viennent accroître encore l'importance de ce groupe industriel.

L'origine de la salure de La Valduc est restée longtemps obscure. — Très-digne d'exciter l'attention au point de vue purement scientifique, cette question présentait surtout, au point de vue industriel, un intérêt capital. Il s'agissait de savoir, en effet, si les quantités considérables de sel extraites chaque année de l'étang lui étaient restituées par quelque source inconnue, ou si la fabrication s'exerçait au contraire sur une masse de sel limitée, et destinée par conséquent à s'épuiser à la longue; de savoir, en un mot, si l'avenir des grands établissements créés autour de La Valduc était ou n'était pas assuré.

Hypothèse des sources salées.

La première de ces deux opinions paraît avoir assez longtemps prévalu. Les riverains ayant vu, pendant une vingtaine d'années, le degré des eaux se maintenir malgré les extractions, en avaient conclu que La Valduc devait être alimentée par des sources, venant sourdre sous les eaux de cet étang après s'être chargées de sel en traversant quelque grand gisement de sel gemme situé dans le voisinage. Telle est en effet l'opinion émise dans une notice manuscrite sur La Valduc, rédigée par le président Cappeau, ancien propriétaire du salin de la Compagnie Daguin, et où sont rapportés avec détail tous les faits survenus de 1802 à 1830.

Toutefois, et à la lecture de cette notice, on reconnaît que cette opinion trouvait dès lors des contradicteurs parmi ceux qui avaient observé les faits d'un peu près. On objectait d'abord que des sources venant sourdre au fond de l'étang se révéleraient, sans doute, au moins en quelques points, et qu'une observation attentive était toujours restée infructueuse à cet égard (1). On remarque bien, vers la plage nord de La Valduc, une ou deux petites sources salées; mais, d'une part, le le volume en est presque insignifiant; et, de l'autre, leur salure, très-variable avec les saisons, et toujours beaucoup moindre que celle de l'étang, s'explique tout naturellement par celle des terrains voisins des rives, qu'elles traversent pour s'y rendre. On sait en effet que les vents, lorsqu'ils soufflent avec violence sur cette nappe d'eau, lui enlèvent, en brisant la crête des vagues, des pous-

(1) Cette objection serait aujourd'hui d'autant plus forte que le niveau de la Valduc a subi, depuis les commencements de ce siècle, une dépression de plus de 4^{m}. Il est clair que les sources supposées auraient dû partir d'un réservoir supérieur à l'ancien niveau, car autrement il y aurait eu refoulement. Ce réservoir serait donc plus élevé de 4^{m} que le niveau actuel de l'étang; et il ne serait plus admissible qu'avec une telle hauteur de chasse, les sources vinssent sourdre sans se révéler au moins par quelque agitation, tandis que rien de pareil ne s'observe, même par les temps les plus calmes.

sières d'eau en nature qui se déposent ensuite sur les terrains riverains et les imprègnent de sel.

Une seconde objection à l'hypothèse des sources salées, c'est qu'il n'existe, dans le voisinage de La Valduc, aucun gisement de sel gemme connu, et que la nature des formations géologiques de la contrée en exclut même la probabilité.

Irruptions de la mer.

D'un autre côté, la proximité de la mer, et le spectacle récent de deux invasions de ses eaux dans La Valduc, donnaient à penser que la salure de cet étang pourrait bien être d'origine purement marine. Ainsi, en 1805, les vagues de la mer, chassées par un violent ouragan, avaient franchi la plage étroite et peu élevée qui la sépare du bassin de La Valduc, et avaient fait irruption dans cet étang. L'existence de l'usine à soude du Plan d'Aren, que venait de fonder l'Illustre Chaptal, et qui fut, dit-on, la première établie en France, en avait même été sérieusement menacée. Une irruption semblable s'était renouvelée en 1821.— Or, pour expliquer les grandes accumulations de sel renfermées dans La Valduc, il suffisait d'admettre que le même fait se fût reproduit un certain nombre de fois, et que les eaux de mer, ainsi apportées à l'étang, se fussent concentrées ensuite, par évaporation, après chaque invasion.

Cette explication de l'origine de la salure de La Valduc a été développée, il y a quelques années, dans un Mémoire publié par M. Vallès, et inséré dans les annales des Ponts et Chaussées (volume de juillet et août 1855). — Pour rendre compte de la permanence du degré de salure de l'étang, malgré les extractions faites par l'industrie, il fallait admettre qu'une dépression lente et inaperçue du niveau moyen avait concentré les eaux à mesure qu'elles s'appauvrissaient, et compensé de la sorte l'effet des extractions.— Jusque-là, ce niveau moyen avait été considéré comme à peu près invariable ; mais aucune observation n'avait été faite à cet égard, et les souvenirs de chacun pouvaient être d'autant plus en défaut et d'autant moins concordants que le niveau de La Valduc éprouve souvent d'assez grandes oscillations d'une saison à l'autre, que le cours ordinaire des choses avait été aussi plusieurs fois dérangé par des admissions d'eaux étrangères, et qu'au milieu de ces fluctuations, il était assez difficile de se rendre compte des variations du niveau moyen.

Toutefois, et comme il fallait supposer une dépression assez forte depuis la création des établissements salins, il était utile, pour lever tous les doutes, que cette hypothèse fût confirmée par des faits. Cette confirmation se trouve tout entière dans la notice du Président Cappeau; et les documents qui y sont consignés achèvent de jeter, sur cette question longtemps controversée, la lumière la plus complète. Cette notice, où se trouve mentionné le niveau de La Valduc à diverses époques, depuis les commencements de ce siècle jusqu'à 1830, comble la lacune dont on parlait tout à l'heure. On y trouve même un détail historique qui suffit, à lui seul, pour donner une idée très-nette du régime hydrostatique de La Valduc. — Elle rapporte que cet étang, il y a trois siècles, n'était qu'une grande flaque d'eau très-salée, très-peu profonde, et sujette à se dessécher complétement en été. Souvent, à l'époque des grandes chaleurs, l'eau y *tombait en sel.* L'exploitation en était donc possible à peu de frais, et elle s'y était exercée, en effet, de temps immémorial, au profit des seigneurs de Martigues, propriétaires de La Valduc. Mais la fraude y était difficile à empêcher, et les fermiers généraux obtinrent, en 1561, un arrêt du conseil qui ordonnait la submersion de l'étang, moyennant une indemnité annuelle de 4,000 livres au seigneur de Martigues. Ils dérivèrent, à cet effet, deux moulans d'eau du canal de Crapone, qu'ils jetèrent dans La Valduc. — Plus tard, ils établirent dans ce but, de la mer à l'étang, le canal du Roi, dont les restes subsistent encore; et, profitant de la forte dépression de La Valduc par rapport à la mer, ils jetèrent, par ce canal, de très-grands volumes d'eau de mer dans l'étang. Ils en relevèrent ainsi le niveau de 6 mètres, en 1704; une certaine étendue des terrains riverains en fut submergée, et ils eurent à payer, à ce sujet, une indemnité aux propriétaires de ces terrains. — Depuis lors, ces admissions d'eaux de mer ont été souvent et périodiquement renouvelées; et elles n'ont cessé qu'en 1791, époque à laquelle M. de Gallifet rentra, comme héritier des seigneurs de Martigues, en possession des étangs de La Valduc et d'Engrenier. — Ce fut, enfin, vers les premières années de ce siècle que s'établirent les grandes exploitations salines actuelles, en vertu de concessions faites par le propriétaire de l'étang: 1° au Président Cappeau, en 1802; 2° à la famille d'Arcussia, vers la même époque; 3° à l'association de Citis, en 1803; 4° à celle de Rassuen, en 1804, etc.

Admissions d'eaux de mer par le canal du Roi.

Régime hydrostatique de La Valduc.

Il résulte de ces faits que la grande nappe d'eau de La Valduc a été en grande partie créée et entretenue artificiellement, dans le cours du dernier siècle, par des admissions régulières d'eaux de mer. Ils démontrent aussi que l'évaporation lui enlève plus que ne lui rendent les eaux pluviales, et qu'enfin elle tend sans cesse à revenir, en se déprimant, à son état primitif.

Permanence du degré de salure des eaux.

Les données consignées dans la notice, rapprochées de celles recueillies plus récemment, rendent elles-mêmes parfaitement compte de la permanence du degré de salure de l'étang depuis la création des établissements salins. Ainsi, le niveau de La Valduc, après la grande irruption de 1805, était à la côte 6^{m} 50 au-dessous du niveau de la mer, et en 1860, le niveau moyen, pendant les mois de la saunaison (juin, juillet, août et septembre), se tenait à la cote 11^{m} 26. L'étang a donc subi, dans le cours de ces 55 ans, une dépression effective de 4^{m} 56. Il est clair que la masse des sels dissous dans cette tranche d'eau enlevée à La Valduc a pu, dès lors, disparaître sans que la salure de la masse d'eau restante s'en ressentît (1) ; et cette dépression a ainsi dissimulé à une observation incomplète l'appauvrissement réel de l'étang.

Déversements d'eaux étrangères dans la Valduc.

A la dépression totale de 4^{m} 56 dans le cours des 55 dernières années a répondu une dépression moyenne annuelle de 0^{m} 083. Mais celle-ci aurait été bien plus forte si La Valduc avait été abandonnée aux seules influences naturelles de la pluie et de l'évaporation. — De grands déversements d'eaux étrangères sont venus, à diverses reprises, en rehausser le niveau. Ainsi, tout récemment, dans le courant de l'hiver 1857-1858, un déversement des eaux d'Engrenier et du canal de Rassuen a produit un exhaussement de 0^{m} 92, et il a eu pour conséquence de faire tomber la salure de l'étang de 17° en 1857, à 12° 70 en 1858. — Un déversement plus considérable encore avait eu lieu en 1846, et avait eu le même effet sur le degré des eaux. La notice mentionne, enfin, avec des détails circonstanciés, plusieurs autres déversements semblables de 1805 à 1830. — Plusieurs fois, après des pluies abondantes, des brèches se firent au canal de vidange de Rassuen, dont

(1) Si l'on supposait que la salure de l'étang a été, en moyenne, de 17 degrés, de 1805 à 1860, une dépression de 4^{m}56 serait trop grande, il est facile de s'en assurer, pour rendre compte de la permanence du degré malgré les extractions. Mais l'irruption de 1805, en relevant le niveau jusqu'à la cote 6^{m}50, avait nécessairement affaibli la salure, et la même circonstance, ainsi qu'on le verra un peu plus loin, s'est plusieurs fois reproduite dans le cours de ces cinquante-cinq années.

la section et la pente sont trop faibles pour les volumes d'eau à conduire après ces grandes pluies, et les eaux de ce canal s'écoulèrent pendant 2 ou 3 mois dans La Valduc. Plusieurs fois aussi, les directeurs de l'établissement du Plan d'Aren, inquiétés par les exhaussements du niveau d'Engrenier, rejetèrent le trop plein de cet étang dans La Valduc. — Ces déversements, qui avaient pour inévitable résultat d'affaiblir la salure, excitaient les réclamations les plus vives de la part des autres riverains. A diverses reprises, ils appelèrent le juge de paix d'Istres à venir constater les faits, pour baser sur ces constatations des demandes d'indemnité ; mais ils ne parvinrent que bien imparfaitement à les empêcher, car, d'après les chiffres consignés dans la notice et les données plus récentes, on peut évaluer à 6ᵐ 50, au moins, la hauteur totale de la tranche d'eau ainsi reçue par La Valduc dans le cours des 55 dernières années. Ce dernier chiffre, joint à celui de la dépression effective, évaluée tout à l'heure à 4ᵐ 56, porte à 11ᵐ la hauteur totale de la tranche prélevée par l'évaporation et l'industrie dans le même laps de temps. Telle aurait donc été la dépression totale si les déversements d'eaux étrangères n'avaient pas eu lieu.

Dépression moyenne annuelle du niveau.

2 — On peut en conclure que l'étang, abandonné à lui-même, éprouve une dépression moyenne annuelle de 20 centimètres ; et ce dernier chiffre doit être considéré comme plutôt faible que fort, car, en comparant la cote du niveau de 1846 (7ᵐ 84) à celle de 1856 (10ᵐ 94), on reconnaît que, dans le cours de ces dix années, la dépression moyenne annuelle a été de 0ᵐ 31. — On arrive même à un chiffre encore un peu plus fort en comparant le niveau de 1857 à celui de 1860, et en tenant compte de la tranche de 0ᵐ 92 déversée dans l'étang en 1857-1858. Mais, dans ces quatre dernières années, figure l'année 1859, qui a été exceptionnellement chaude et sèche, et pour laquelle la dépression s'est élevée jusqu'à 0ᵐ 63.

Il résulte de tous ces faits que l'étang, s'il avait été préservé de tout déversement d'eaux étrangères depuis 55 ans, serait revenu, depuis longtemps déjà, à son état primitif, et relégué dans les parties basses de sa cuvette.

La dépression annuelle résulte de deux causes. Elle provient, en partie, de ce que la hauteur de la tranche enlevée par l'évaporation à la surface de La Valduc dépasse un peu celle de la tranche alimentaire apportée par les sources et les pluies, et en partie des prélèvements faits par les établissements salins pour leur fabrication. Une appréciation consignée au n° 103 fait voir que le volume d'eau ainsi prélevé chaque année par l'industrie constitue, sur l'étang, une tranche de 10 centimètres de hauteur. Telle serait donc à peu près aussi la hauteur de la dépression due à l'évaporation.

Masses de sel apportées par le canal du Roi.

3 — De cette donnée, on doit conclure que les admissions d'eau de mer faites par le canal du Roi ont contribué pour une assez forte part à l'accumulation des masses de sel renfermées dans La Valduc au commencement de ce siècle. Elle montre en effet que pour obvier, selon les vues des fermiers généraux, à la dépression du niveau et à la concentration qui en serait résultée, il a fallu, dans le cours des 87 années qui se sont écoulées de 1704 à 1791, jeter successivement dans l'étang des volumes d'eau capables d'en rehausser le niveau d'une hauteur totale de 8^{m} 70; et cette hauteur, ajoutée à celle de la tranche de 6 mètres admise pour la première fois en 1704, porterait à 14^{m} 70 la hauteur de la tranche totale admise par ce canal. Or une tranche d'eau de mer de cette hauteur, sur les 340 hectares de La Valduc, a apporté avec elle 14,000,000 de quintaux métriques de sel marin (1).

Origines diverses de la salure de La Valduc.

4 — Les irruptions de la mer n'ont donc pas seules contribué à l'accumulation des masses de sel renfermées dans La Valduc. Les admissions d'eau régulièrement faites par le canal du Roi y ont contribué aussi pour leur part, et à ces deux causes s'en ajoute probablement encore une autre. — Il est à croire que le bassin de La Valduc a été anciennement occupé par la mer, et qu'il s'est passé ici un fait analogue à celui aujourd'hui bien constaté pour un point voisin du littoral, l'ancien port d'Aigues-Mortes, peu à peu isolé de la mer par des dépôts successifs des alluvions du Rhône. Cette probabilité résulte d'abord de la configuration même de ce bassin, qui touche pour ainsi dire à la

(1) Le volume d'une tranche d'eau de 14^{m}70 de hauteur, sur les 340 hectares de la Valduc, est égal à 14^{m}70 $\times$ 3,400,000 = 49,980,000 mètres cubes.

Le mètre cube d'eau de mer à 3° 50′ de l'aréomètre renferme 0^{qm}277 de sel marin et 0^{qm}082 de sels de chaux, de magnésie, etc., (n° 75) ; — les poids de sel renfermés dans le volume d'eau ci-dessus sont par conséquent les suivants :

Sel marin............	0^{qm}277 $\times$ 49,980,000 =	13,844,000 quint. m.
Sels étrangers.........	8^{qm}082 $\times$ 49,980,000 =	4,098,000
Total.............................		17,942,000 quint. m.

mer, et n'en est séparé que par une plage étroite, et si peu élevée qu'elle était franchie par les vagues, lors des tempêtes, aussi longtemps que les digues du canal d'Arles à Bouc, qui la traversent, n'y mettaient pas obstacle. — Cette même probabilité semble être confirmée aussi par une donnée archéologique. Sur la colline de Saint-Blaise, qui sépare le bassin de Citis de celui de La Valduc, se remarquent des ruines, que les archéologues considèrent comme devant être celles de l'ancienne ville romaine de ***Maritima Avaticorum***, et ils ont cru y reconnaître les restes d'un mur de quai, dont le couronnement est établi précisément à un mètre au-dessus du niveau de la Méditerranée.

Il est aisé de s'assurer que la mer, en admettant qu'elle ait occupé anciennement le bassin de La Valduc, y aurait laissé environ 17 millions de quintaux métriques de sel marin (*Voir* le n° 77). Cette masse de sel, réunie à celle apportée par le canal du Roi, et évaluée plus haut à 14 millions de quintaux métriques, porterait à 31 millions de quintaux métriques l'approvisionnement de sel marin dû à ces deux causes. Or, une appréciation consignée au n° 78 porte seulement à 24 millions de quintaux métriques l'approvisionnement de sel marin renfermé en dissolution dans les eaux de La Valduc au commencement de ce siècle, et lorsque les salins actuels commencèrent à fonctionner. — Du rapprochement de ces chiffres il semble permis de conclure que les richesses salines originairement délaissées par la mer, accrues de celles apportées par des irruptions plus ou moins nombreuses, avaient déjà subi, dès avant le dernier siècle, d'assez sensibles réductions par le fait des exploitations dont les eaux de La Valduc avaient été l'objet jusque vers le milieu du XVIe siècle (1); que ces masses de sel primitives, en partie épuisées, n'entraient que pour une part dans l'approvisionnement existant lors de la création des établissements actuels; qu'enfin la moitié au moins de cet approvisionnement provient d'une cause plus récente, des grands volumes d'eau de mer qu'il a fallu jeter dans l'étang par le canal du Roi pour obvier, dans le cours du dernier siècle, à sa dépression naturelle et à la concentration qui en serait résultée.

(1) Il est à croire que les poussières d'eau enlevées par les grands vents à la surface de la Valduc ont constitué aussi, à la longue, une déperdition très-appréciable, et la chose ne saurait même être douteuse d'après les analyses de Dalton, qui a constaté des quantités très-sensibles de sel dans l'eau de pluie tombée sur le littoral de la mer.

5 — L'approvisionnement de sel marin aujourd'hui existant dans La Valduc se conclut directement du volume des eaux de l'étang et du degré de salure correspondant, et l'on verra bientôt que cet approvisionnement doit être évalué aujourd'hui à 8,284,000 quintaux métriques. Ce chiffre, comparé à celui de l'approvisionnement existant lors de la création des salins actuels, montre que l'industrie a déjà appauvri l'étang des deux tiers de son approvisionnement primitif.

Appauvrissement de l'étang depuis 55 ans.

D'un autre côté, ce même chiffre de 8,284,000 quintaux métriques est tout au plus égal à 20 fois le chiffre des récoltes moyennes actuelles; et si l'on observe que la totalité du sel marin dissous dans l'étang ne saurait être avantageusement extraite par l'industrie, on doit en conclure que les établissements de La Valduc seraient menacés d'une ruine bien prochaine si rien n'était fait pour obvier à l'appauvrissement de cet étang.

Nécessité et urgence de l'avivage.

D'après les évaluations du Mémoire déjà mentionné, la menace serait beaucoup moins pressante que ne le fait ressortir la précédente appréciation. Mais les évaluations de ce Mémoire se ressentent du peu de précision de quelques données, et surtout de l'omission de quelques considérations essentielles. Comme elles seraient même de nature à donner aux riverains de La Valduc une idée très-erronée de leur situation et des moyens de l'améliorer, il est nécessaire d'en dire ici quelques mots, et tel est l'objet de la note ci-dessous (1).

(1) L'auteur de ce Mémoire estime que la durée des futures exploitations serait encore de cinquante-cinq ans (elle est évaluée dans ce travail à soixante-quinze ans, mais cette appréciation se rapporte à l'état de choses existant en 1840), et il ajoute qu'elle pourrait même être portée à quatre-vingts ans, par une mesure fort simple, et qui consisterait à faire rentrer dans la Valduc les eaux mères des deux grands salins de Citis et de Rassuen, qui, aujourd'hui, sont évacuées à la mer, ce qui constitue, selon lui, une perte de richesse minérale sans compensation aucune.
Il a attribué, dans cette évaluation, au volume des eaux de l'étang un chiffre un peu trop élevé; cela résulte de la comparaison de ce chiffre avec celui conclu d'un sondage exact de la Valduc, fait il y a quelques années. Mais ce qui rend surtout cette évaluation très-inexacte, c'est l'oubli d'une circonstance fort importante. — Du volume et du degré aréométrique des eaux de l'étang, M Vallès a conclu la quantité totale des sels qui y étaient renfermés en dissolution; et de ce chiffre, divisé par celui d'une récolte moyenne, il a conclu le nombre des récoltes restant à faire. Mais il y avait à établir une distinction tout à fait essentielle entre le sel marin et les autres sels qui lui sont associés en dissolution (sulfates de chaux et de magnésie, chlorures de magnésium et de potassium, etc.). Ces derniers sels, qui forment, dans l'eau de mer, du quart au cinquième de la totalité des sels dissous, se trouvent en proportion plus grande encore dans les eaux de la Valduc, où ils forment plus du tiers de cette totalité. Or, bien qu'ils contribuent pour leur part, comme le sel

dée sommaire de l'avivage.

6 — La situation des salins deviendrait donc très-critique d'ici à quelques années, si les choses étaient abandonnées à leur cours naturel, et si l'on ne se hâtait de remédier au mal. Le remède existe, heureusement, et les faits passés l'indiquent même tout naturellement. Il consistera à profiter de la dépression du niveau de La Valduc, pour redemander à la mer, source première des richesses salines en partie épuisées, une alimentation devenue indispensable, à *aviver* l'étang par des eaux de mer, en rétablissant, dans ce but, un canal semblable à l'ancien canal du Roi. — Seulement, et comme, à l'inverse de ce que s'étaient proposé les fermiers généraux, il importe beaucoup de ne pas affaiblir le degré de salure de La Valduc, il faudra en détourner au préalable une partie aussi grande que possible des eaux douces qui s'y rendent aujourd'hui, de telle sorte qu'un égal volume d'eau de mer puisse être admis en remplacement de ces eaux douces, sans relever le niveau moyen. Il y aura lieu de creuser à cet effet, sur les coteaux qui bordent l'étang, des fossés de ceinture destinés à recueillir et à conduire à la mer les eaux pluviales que lui envoient les parties supérieures de ses versants.

Ce projet de dérivation des eaux douces et d'introduction des eaux de

marin, à élever le degré de salure des eaux, ils ne constituent pas, tant s'en faut, une richesse minérale utile à l'industrie saline : leur présence est même défavorable à la saunaison. Il y avait donc lieu, d'abord, de réduire le chiffre de l'approvisionnement *utile* encore disponible à celui du sel marin dissous dans l'étang.

Une seconde erreur de la même appréciation, c'est d'admettre que la totalité de cet approvisionnement puisse être avantageusement exploitée par l'industrie. D'abord, les eaux mères en retiennent avec elles une portion assez notable; mais ce n'est pas tout. Ces eaux mères étant rejetées à l'étang par une partie des salins (Citis et Rassuen sont seuls tenus de les évacuer au dehors), il en résulte une altération progressive de la composition des eaux de la Valduc, où la proportion des impuretés s'accroît chaque année. Déjà, dans l'état actuel des choses, cette surabondance des impuretés influe défavorablement, et sur le chiffre, et sur la qualité des récoltes. Or, les progrès de cette altération seront, à l'avenir, d'autant plus rapides, que la masse du sel marin encore dissous ira elle-même se restreignant de plus en plus. — Bientôt donc, si les choses étaient abandonnées à leur cours naturel, viendrait l'époque où les impuretés existeraient dans l'eau de la Valduc en proportions égales au sel marin; et un calcul précis montre qu'il ne faudrait pour cela que douze à quatorze ans. Il semble permis de regarder comme certain que, dans de telles conditions, la fabrication du sel cesserait d'être fructueuse.

A peine est-il besoin d'ajouter après cela que la mesure conseillée par M. Vallès, et consistant à rejeter dans La Valduc les eaux mères de Citis et de Rassuen, que cette mesure, loin d'améliorer la situation des salins, ne ferait au contraire que l'aggraver considérablement.

mer, dont les riverains ont reconnu depuis quelque temps déjà la nécessité, est à l'étude, et M. l'ingénieur du service hydraulique des Bouches-du-Rhône a bien voulu s'en charger.

7 — Pour se rendre clairement compte des résultats à recueillir de cet ensemble de travaux, il ne suffisait pas d'être fixé sur les quantités de sel marin qu'il sera possible d'introduire ainsi chaque année dans La Valduc. Il y avait lieu de rechercher aussi quelles seront, sous l'influence de cet apport annuel, l'amélioration progressive de la salure de l'étang et la succession des futures récoltes des salins.

But des appréciations de ce travail.

En essayant d'aborder cette dernière appréciation, on ne tarde pas à reconnaître qu'elle est moins simple, et qu'elle dépend d'éléments beaucoup plus complexes qu'on ne serait peut-être tenté de le croire à un premier aperçu. Pour y arriver avec quelque précision, il était d'abord nécessaire de passer en revue toute une série de questions relatives à la situation toute spéciale où les établissements de La Valduc se trouvent placés. Ainsi, le degré de salure et la composition des eaux mises en œuvre pour le salinage, au lieu d'être, comme pour les autres salins du Midi qui s'alimentent à la Méditerranée, toujours identiques, varieront, au contraire, constamment à La Valduc, sous la triple influence des extractions faites par l'industrie, des apports faits par l'avivage et du mélange des eaux mères rejetées à l'étang par les salins; et ce qu'il y avait lieu d'étudier avant tout, c'étaient ces variations elles-mêmes et la mesure de leur influence sur les récoltes.

S'il se fût seulement agi de se rendre à peu près compte des résultats à espérer de l'avivage, il eût été possible, sans doute, de se borner pour cela à une appréciation sommaire; et tel était d'abord mon seul but en abordant cette étude. Mais, en envisageant d'un peu près la question de l'avivage, on s'aperçoit bientôt que La Valduc est placée, sous ce rapport, dans une situation très-remarquable, et que, si la nature n'a pas pourvu par elle-même, ainsi qu'on l'avait cru d'abord, à l'alimentation saline de cet étang par des sources capables de lui conserver indéfiniment une salure de 16 à 18 degrés, elle a placé à portée des riverains une ressource pour le moins aussi précieuse. On reconnaît d'un autre côté que le parti à tirer de cette ressource et les résultats à en attendre dépendront beaucoup de certaines mesures qu'il importe d'étudier avec soin; qu'une appréciation précise et détaillée de tous les faits est pour cela nécessaire; et qu'il est possible, enfin, de tirer de cet examen approfondi des conséquences très-utiles pour l'avenir et la prospérité des établissements salins. La question devient ainsi, eu égard à l'importance de ceux-ci, une question industrielle d'un haut intérêt.

Avant de l'aborder, il est nécessaire d'exposer encore un certain nombre de données dont il y aura lieu de faire usage, et nécessaires pour la complète intelligence de ce qui suivra.

Détails topographiques.

8 — Quelques mots, d'abord, de la situation topographique de La Valduc. (*Voir* le plan ci-joint.)

Cet étang, situé à 3 kilomètres environ de la mer, occupe, comme on l'a dit, le fond d'une dépression prononcée du sol, dont le point le plus bas est à la cote 14^m 80 au-dessous du niveau de la mer. Il est bordé à l'est et à l'ouest par des coteaux rocheux et presque abruptes; au nord, par des pentes douces qui regagnent la vaste plaine de la Crau; et au sud, par une langue de terre étroite et peu élevée, nommée le Plan d'Aren, qui le sépare de l'étang d'Engrenier. Les coteaux situés à l'est et à l'ouest, de même que la majeure partie des versants nord du bassin de La Valduc, sont plus élevés que le niveau de la mer; et cette circonstance rend possible, par conséquent, la dérivation vers la mer de la majeure partie des eaux pluviales qui se rendent de ces versants à l'étang.

Superficie de la Valduc.

La superficie de celui-ci varie nécessairement un peu avec la hauteur de son niveau, mais dans des limites restreintes, parce qu'il est encaissé presque de toutes parts. Il y a 30 ou 40 ans, lorsque le niveau moyen était de 3^m à 3^m 50 plus élevé qu'aujourd'hui, la superficie occupée par les eaux était de 345 à 350 hectares. Elle est aujourd'hui de 340 hectares à peu près.

Étang d'Engrenier.

L'étang d'Engrenier, resserré à l'est et à l'ouest entre les prolongements des coteaux qui bordent La Valduc, est situé, comme elle, en contre-bas du niveau de la mer, mais un peu plus haut. La dénivellation d'un étang à l'autre est de 4 à 5 mètres.

Le bassin d'Engrenier, qui fait suite à celui de La Valduc, ne reste séparé de la mer que par une plage étroite, et de quelques centaines de mètres seulement de largeur. Celle-ci est traversée par le canal d'Arles à Bouc, aujourd'hui défendu par de bons enrochements contre les vagues de la mer.

Engrenier occupe une superficie de 104 hectares. Ses eaux sont salées, mais toujours à un degré beaucoup moindre que celles de La Valduc (n° 79). Aussi, et depuis que celles-ci sont l'objet d'une exploitation active, a-t-on le plus grand intérêt à empêcher le premier de ces étangs de se déverser dans le second. On a établi, dans ce but, au sud du Plan d'Aren, une digue assez élevée pour contenir Engrenier lorsqu'il est gonflé par les pluies ou par les eaux du Poura, qui s'y déversent.

Dans le voisinage de La Valduc existent deux autres dépressions du sol anciennement occupées par les eaux, mais par des eaux douces : l'ancien étang de Citis, dont le sol est à 12 mètres, et celui du Poura, dont le sol est à 5 mètres au-dessous du niveau de la mer. Leurs bassins, au lieu d'être, comme ceux de La Valduc et d'Engrenier, ouverts du côté de la mer, sont fermés de toutes parts et circonscrits par des coteaux. L'étang de Citis, dont la superficie avait à peu près 60 hectares, a été transformé en un vaste salin, à l'aide de travaux considérables et consistant, outre l'installation des partènements : 1° en un fossé de ceinture a a (*Voir* le plan), destiné à recueillir les eaux pluviales du bassin de Citis ; 2° en un souterrain b, creusé à travers le coteau de séparation des bassins de Citis et de La Valduc, et destiné à rejeter dans La Valduc les eaux douces recueillies par le fossé de ceinture ; 3° en un second souterrain c, situé un peu au-dessus du niveau actuel de l'étang, pour l'amenée des eaux salées. Celles-ci sont élevées jusqu'à ce souterrain par une petite machine à vapeur établie sur la rive ; 4° enfin, en un grand souterrain d de 980 mètres de longueur, percé dans la colline du Ranquet, un peu au-dessus du niveau de la mer, et par lequel le salin est mis en communication avec l'étang de Berre, soit pour le transport de ses produits, soit pour l'évacuation de ses eaux mères. Une machine à vapeur puise celles-ci dans un canal où elles se rassemblent, et les élève jusqu'à la cuvette ménagée à la partie inférieure du souterrain. Citis.

L'étang du Poura, qui se desséchait tous les étés, était, pour les habitants de la commune voisine de Saint-Mitre, une cause permanente d'insalubrité. Depuis 1823, et en vertu d'un jugement rendu par le tribunal d'Aix, il a été asséché, et les eaux pluviales qui l'alimentaient sont déversées dans l'étang d'Engrenier, qui est depuis lors assujetti à Le Poura.

les recevoir. Un souterrain k, de 700 mètres de longueur, a été percé à cet effet dans le coteau de séparation des deux bassins.

Étang de Fos.

Dans le voisinage de La Valduc, existe aussi l'étang de Fos; mais il est en communication directe avec la mer; ses eaux en ont le niveau et le degré de salure, et il ne diffère en rien des autres étangs salés des bords de la Méditerranée.

Établissements de La Valduc.

9 — Les salins groupés autour de La Valduc sont :

1° Celui du Plan d'Aren, qui occupe la langue de terre comprise entre La Valduc et Engrenier;

2° Le salin d'Arcussia ou de Forbin et le salin Cappeau, aujourd'hui exploités, le premier, par la Compagnie des salins du Midi, et le second, par la compagnie Daguin. Ils sont établis sur les pentes douces qui regagnent, au nord, la plaine de la Crau;

3° Le salin de Citis, dont il a été déjà question;

4° Celui de Rassuen, qui occupe la superficie de l'ancien étang de Rassuen. Il puise ses eaux salées dans La Valduc à l'aide d'une machine à vapeur g, qui les élève d'une trentaine de mètres pour les verser dans un petit canal d'amenée c, creusé sur le coteau de séparation des deux bassins;

5° Enfin, le salin du Mazet, établi sur le plateau qui domine La Valduc à l'ouest, et qui, comme Rassuen, est forcé d'élever à une grande hauteur les eaux puisées dans La Valduc pour sa fabrication.

Les eaux douces du bassin de Citis s'écoulent, comme on l'a dit, dans La Valduc; mais ce salin est tenu d'évacuer ses eaux mères par le souterrain du Ranquet. — Rassuen est tenu de rejeter à la mer, par un canal de vidange particulier f f, et ses eaux douces et ses eaux mères. Les autres salins rejettent leurs eaux mères dans La Valduc.

Superficies des salins.

Les superficies occupées par ces divers établissements sont à peu près les suivantes :

Salin de Citis	60 hectares.
Id. de Rassuen	44
Id. du Nord (salin Cappeau, salin d'Arcussia et petits salins réunis à ce dernier)	52
Id. du Plan d'Aren	28
Id. du Mazet	16
Total	200

Dans ces chiffres, sont compris les espaces occupés par les graviers, fossés, rigoles et bourrelets, espaces qui peuvent être évalués, sur un salin bien organisé, aux $\frac{15}{100}$ environ de la superficie totale ; de sorte que la superficie utile, celle occupée par les tables, chauffoirs et bassins, serait à peu près de 170 hectares.

10 — Pendant les 20 dernières années, la production moyenne annuelle de tous ces salins pouvait être évaluée de 425,000 à 450,000 quintaux métriques. Elle s'est abaissée depuis que le degré de salure de l'étang a été affaibli, en 1858, par un grand déversement d'eaux étrangères, et les récoltes s'en ressentiront encore pendant quelques années. Celle de 1859 s'est élevée, malgré cet affaiblissement du dégré, à 440,000 quintaux métriques ; mais cela tient aux sécheresses et aux chaleurs excessives de cette année éminemment favorable à la saunaison.

Production des salins.

La part de chaque établissement dans la production totale peut se conclure approximativement des chiffres de leur étendue superficielle comparée à la superficie totale.

11 — Le volume des eaux de La Valduc varie nécessairement comme son niveau. Il tend sans cesse à se réduire sous l'influence d'une évaporation qui enlève à l'étang plus que ne lui apportent les pluies et les petites sources qui s'y rendent. Il résulte d'un sondage exact et détaillé, fait il y a quelques années, que le volume correspondant à la cote $10^{m}33$ au-dessus du niveau de la mer, qui était alors celle de son niveau, était de 11,500,000 mètres cubes. Depuis lors, le niveau a éprouvé une dépression sensible. Sa cote moyenne pendant les mois de la saunaison, en 1860, a été $11^{m}26$, et à cette dépression correspond une diminution de volume égale à $0^{m}93 \times 3,400,000 = 3,160,000$ mètres cubes ; de sorte qu'à la situation du niveau, en 1860, correspondait un volume de 8,340,000 mètres cubes.

Volume d'eau de La Valduc.

12 — L'évaluation des masses de sel aujourd'hui en dissolution dans l'étang se conclut directement du volume de ses eaux et du degré de salure correspondant. Ainsi, le 2 septembre 1860, après la saunaison de cette année, le niveau était à la cote $11^{m}40$, et le même jour les eaux marquaient 15°20 (*Voir* le n° 76). Or, d'une part, il résulte des chiffres du n° 11 qu'à la cote de niveau $11^{m}40$ correspond

Poids total des sels en dissolution dans La Valduc.

un volume d'eau de 7,864,000 mètres cubes; et, de l'autre, on reconnaît, à l'aide d'un tableau consigné au n° 73, qu'un mètre cube d'eau à 15°20 renferme 1qm699 de sels en dissolution : le poids total des sels actuellement dissous dans La Valduc est donc égal à 1,699 × 7,864,000 = 13,360,000 quintaux métriques.

Proportion des sels étrangers.

13 — Ce dernier chiffre comprend à la fois celui du sel marin et ceux des sels étrangers qui lui sont associés en dissolution dans les eaux de La Valduc (sulfates de chaux et de magnésie, carbonate de chaux, chlorures de magnésium et de potassium, etc.). Une analyse de ces eaux, faite, en 1856, par M. Daguin, a fait voir que ces derniers sels formaient alors les $\frac{364}{1000}$, et le sel marin seulement les $\frac{636}{1000}$ de la totalité des sels dissous.

Ces proportions ne sont pas les mêmes que dans l'eau de mer, où les sels étrangers ne forment que les $\frac{230}{1000}$ de la totalité des sels dissous. Cela résulte de ce que La Valduc reçoit, chaque année, depuis l'origine des fabrications, les eaux mères d'une partie des salins. Ces évacuations dans l'étang devaient nécessairement avoir pour conséquence une altération progressive de la compostion primitive des eaux, et cette altération, qui s'accroît à chaque récolte, est aujourd'hui un peu plus grande encore qu'à l'époque où la précédente analyse a été faite. On reconnaît par un calcul précis, consigné au n° 105, que les extractions faites et les eaux mères rendues à l'étang, de 1856 à 1860, ont eu pour résultat de porter à $\frac{380}{1000}$ la proportion des sels étrangers, et de réduire par conséquent, à $\frac{620}{1000}$ la proportion du sel marin.

Approvisionnement de sel marin en 1861.

14 — Les 13,360,000 quintaux métriques de sels dissous dans La Valduc (n° 12) se composent donc définitivement comme il suit :

Sel marin.....	0.620 × 13,360,000 =	8,284,000
Sels étrangers..	0.280 × 13,360,000 =	5,076,000
Total..................		13,360,000

Influence des impuretés sur la qualité des récoltes.

15 — La surabondance des sels magnésiens et calcaires dans les eaux de La Valduc influe défavorablement sur le chiffre des récoltes et sur la qualité des sels récoltés. Ceux-ci n'ont plus la transparence qui distingue habituellement les sels du Midi, et le commerce ne les recherche plus comme par le passé. Cela tient sans doute en partie à ce que les sels étrangers, proportionnellement plus abondants dans l'eau de La Valduc que dans l'eau de mer, se déposent aussi, lors de la saunaison, et quelques précautions que l'on prenne, en proportions un peu plus grandes. Toutefois, si l'on compare les résultats d'une analyse des sels du Midi, faite par M. Berthier, à ceux d'une analyse des sels aujourd'hui récoltés à La Valduc, que nous devons à l'obligeance de M. Schlœsing, on reconnaît que la différence de leur composition n'est pas très-grande : tandis que les premiers renferment 2.40 p. 0/0 de sels autres que le sel marin, les sels de La Valduc en renferment 2.80 p. 0/0. — La différence des qualités paraît donc résulter aussi de ce que la cristallisation du sel marin, à raison de la surabondance des impuretés qui lui sont associées dans l'eau de La Valduc, se fait dans des conditions moins favorables. Quoi qu'il en soit, il semble probable que, si la proportion de ces impuretés continuait à s'accroître, les eaux de La Valduc cesseraient tôt ou tard de donner des produits acceptables ; et cette circonstance s'opposerait, ainsi qu'on le disait tout à l'heure, à ce que l'industrie pût en extraire avantageusement la totalité du sel marin qui y est encore dissous.

Profondeur d'eau de l'étang.

16 — Une autre circonstance viendrait elle-même bientôt limiter la durée des futures extractions si les choses étaient abandonnées à leur cours naturel. — La dépression moyenne annuelle du niveau est plus que double, il est facile de s'en assurer, de celle nécessaire pour compenser, quant au degré de salure, l'affaiblissement qui résulte du prélèvement opéré par une récolte ; aussi, ce degré s'est-il accru très-sensiblement depuis 1858. Cette amélioration durerait aussi longtemps que La Valduc pourrait être préservée de tout déversement d'eaux étrangères. Mais la dépression naturelle du niveau, à laquelle on en est redevable, ne saurait elle-même se perpétuer bien longtemps. — D'après le sondage dont il a été déjà question, le point le plus bas de la cuvette de l'étang est à la cote 14^{m}84 au-dessous du niveau de la mer ; et pour les parties moyennes de cette cuvette, à partir de 400 mètres environ de la rive nord et de 200 mètres de la rive sud, la cote moyenne du fond est 13^{m}72. Or, le niveau de La Valduc, pendant les mois de la saunaison en 1860, était à la cote moyenne 11^{m}26 ; la profondeur maximum des eaux ne dépasse donc pas aujourd'hui

3^m60, et en faisant abstraction des parties les plus voisines des rives, la profondeur moyenne est seulement de 2^m46. En admettant donc que la dépression annuelle de 0^m20 suivît son cours pendant une dizaine d'années, l'étang serait revenu, après ce laps de temps bien court, à son état primitif, et relégué dans les parties basses de sa cuvette. — Il y aurait alors évidemment lieu de mettre un terme à la dépression, et les admissions d'eaux étrangères seraient, pour cela, la seule ressource. Mais cette ressource, si elle n'avait pas été préparée par les travaux d'avivage dont il a été question, deviendrait elle-même bientôt désastreuse ; car, de ce jour, le degré des eaux s'affaiblirait dans une progression d'autant plus rapide que la masse des sels encore existants serait alors très-restreinte.

17 — Ces considérations générales suffisent pour faire ressortir l'indispensable nécessité de l'avivage. Mais, pour se rendre compte des résultats à attendre de cette mesure, il est nécessaire d'évaluer comparativement les récoltes futures des salins dans cette hypothèse, et dans celle où rien ne serait fait pour remédier à la situation actuelle. — Ces évaluations sont susceptibles d'être faites avec toute la précision désirable dans une appréciation industrielle ; mais elles nécessitent des calculs assez étendus. On fera de ceux-ci l'objet de plusieurs notes, placées à la fin de ce travail, et l'on en exposera seulement dans le texte les données essentielles et les résultats principaux. Il en résultera peut-être quelques répétitions, mais, en même temps, croyons-nous, une exposition plus simple et plus claire des faits assez complexes sur lesquels porte cette étude, et des mesures qui intéressent les riverains.

II

Évaluation des futures récoltes si l'étang n'était pas avivé.

18 — Pour se faire une idée précise de l'avenir des exploitations de La Valduc dans le cas où l'étang ne serait pas avivé, et pour apprécier, d'un autre côté, comme on le fera plus loin, les résultats à attendre de l'avivage, il y a lieu d'aborder premièrement l'étude de ces trois questions : 1° quelle sera, sur les récoltes à venir, l'influence du degré de salure de l'étang; 2° quelle sera, sous le même rapport, l'influence de la proportion des sels étrangers mêlés au sel marin ; 3° enfin, quelles seront, à chaque récolte, les quantités de sel marin et de sels étrangers évacuées au dehors de La Valduc avec les eaux mères des salins. Ces diverses questions font l'objet des notes D, E et F, dont on présentera seulement ici le résumé.

19 — Quelques mots, d'abord, de l'opération du salinage. Elle est la même à La Valduc que sur tous les salins de la Méditerranée ; seulement le degré primitif des eaux mises en œuvre y est beaucoup plus élevé. — Chaque salin est pourvu d'une machine à vapeur qui puise ses eaux dans l'étang, et les déverse dans un ou plusieurs grands bassins établis à la partie supérieure des salins. De là, on les fait passer dans une succession de cases étagées et bien nivelées, appelées *chauffoirs*, où elles s'étendent en nappes minces et se concentrent peu à peu par évaporation. Lorsque après avoir parcouru un certain nombre de chauffoirs, elles sont arrivées à marquer 25 degrés de l'aréomètre de Baumé, on les introduit dans d'autres cases, où le sel marin se dépose en cristaux. Ces dernières, qui ne diffèrent des chauffoirs que par un peu plus de soin apporté dans leur préparation, prennent le nom de *tables salantes*.

Description sommaire du salinage.

La cristallisation du sel marin commence un peu au delà de 25 degrés, et se poursuit à mesure que l'eau se concentre sur les tables. Mais les autres sels qui lui sont associés en dissolution ne se déposent pas en même temps ; et c'est précisément à leurs différences de solubilité qu'est due la possibilité d'extraire de l'eau salée la majeure partie du sel marin qu'elle renferme, sans qu'il s'y joigne une trop grande abondance de sels étrangers, qui nuiraient à la qualité du produit récolté.

M. Usiglio s'est livré, sous la direction de M. Balard, à une série de recherches intéressantes pour constater l'ordre de ces dépôts successifs. — Ces recherches, d'accord avec l'expérience des sauniers, montrent que le sulfate de chaux commence le premier à se déposer sur les chauffoirs, dès que les eaux atteignent 16 degrés de l'aréomètre, et que celles-ci n'en renferment presque plus, lorsque, leur concentration étant parvenue à 25 degrés, elles sont transmises des chauffoirs aux tables salantes.

Quand la concentration a dépassé 25 degrés, le sel marin commence lui-même à se déposer en cristaux, et avec lui, les petites quantités de sulfate de chaux encore tenues en dissolution. — Plus tard, et de 27 à 28 degrés, le sulfate de magnésie et le chlorure de magnésium se déposent à leur tour, mais d'abord en quantités minimes. — Leur dépôt deviendrait abondant au delà de 28 degrés ; aussi, a-t-on soin de ne jamais dépasser cette limite, parce qu'à ce point, la majeure partie du sel marin s'est déposée, et que la récolte y perdrait en qualité plus qu'elle n'y gagnerait en quantité. A cet effet, le chef saunier mesure fréquemment le degré des eaux qui baignent les tables, et les alimente de temps à autre par de petites admissions d'eau à 25 degrés préparée sur les chauffoirs.

Quand la couche de sel a acquis une épaisseur qui varie de 3 à 4 centimètres, selon que les circonstances ont été plus ou moins favorables à la saunaison, on évacue les eaux mères et on procède au *levage* de la récolte. Celle-ci est ensuite déposée en tas ou *camelles* sur des espaces appelés *graviers*, où elle attend l'emploi ou la vente.

Influence du degré de salure des eaux sur le chiffre des récoltes.

20 — On serait assez tenté de croire, au premier aperçu, que les récoltes doivent, toutes choses d'ailleurs égales, s'accroître ou décroître exactement dans les mêmes proportions que le degré de concentration primitif des eaux mises en œuvre. A un même poids de celles-ci correspondent, en effet, des poids de sels dissous exactement proportionnels à ces degrés. Ainsi, et tandis qu'avec 100 kilogrammes d'eau à 17 degrés, par exemple, on élève sur les salins 17 kilogrammes de sel, on en élève seulement 13 kilogrammes avec le même poids d'eau à 13 degrés. — Mais en analysant toutes les conditions de salinage, et en tenant compte des quantités d'eau à évaporer sur les chauffoirs, quantités d'autant moindres que le degré de concentration dans l'étang sera plus élevé, on reconnaît que le volume des eaux à mettre en œuvre sur un même salin s'accroîtra un peu avec ce degré primitif ; et un calcul précis démontre que les récoltes, à raison de cette circonstance, s'accroîtront elles-mêmes, ou décroîteront, dans une progression un peu plus rapide que celle des degrés de salure de l'étang. — Celle-ci venant à s'élever, par exemple, de 13 à 17 degrés, le poids d'eau qu'il sera possible de mettre utilement en œuvre s'accroîtra dans la proportion de 1 à 1.059; et, tandis que le rapport des degrés est seulement $\frac{17}{13} = 1.308$, les récoltes seront accrues dans le rapport de 1 à $1.059 \times 1.308 = 1.385$ (n° 81).

Les calculs dont il vient d'être fait mention sont consignés dans la note D, à laquelle nous renvoyons pour plus de détails, et les résultats en sont résumés dans le tableau *C* (n° 82).

21 — La proportion trop grande des sels étrangers mêlés au sel marin dans les eaux de La Valduc ne se fait pas seulement sentir sur la qualité des récoltes; elle exerce sur le chiffre de celles-ci une influence doublement défavorable. Ainsi, d'une part, et avec un égal degré de salure, un même volume d'eau élevé pour le salinage renfermera d'autant moins de sel marin que les sels étrangers y seront en proportion plus grande, et de l'autre, ces sels étrangers, qui retiennent avec eux dans les eaux mères une certaine quantité de sel marin, en retiendront d'autant plus qu'ils seront eux-mêmes plus abondants : de là, deux causes de perte. Influence de la proportion des impuretés dans La Valduc sur le chiffre des récoltes.

Cette double influence de la proportion des impuretés sur le chiffre des récoltes est susceptible d'être appréciée avec précision à l'aide des analyses exactes des eaux et des sels de La Valduc et des eaux mères de ses salins. Cette appréciation fait l'objet de la note E, et les résultats en sont consignés dans le tableau *D* (n° 92). Elle démontre que l'altération apportée par les fabrications antérieures à la composition des eaux de La Valduc a pour effet de réduire les récoltes aux $\frac{3}{4}$ seulement de ce qu'elles seraient avec un même degré de salure, si les proportions étaient restées les mêmes que dans l'eau de mer; — qu'avec des eaux à 17°, par exemple, renfermant, comme aujourd'hui, $\frac{380}{1000}$ de sels étrangers, la récolte n'est pas plus élevée qu'avec des eaux à 13°45, renfermant, comme l'eau de mer, $\frac{230}{1000}$ de sels étrangers; qu'enfin, et si, par suite des altérations futures, les sels étrangers venaient un jour à se trouver, dans l'eau de La Valduc, en proportions égales au sel marin, cette eau, concentrée à 25° ne donnerait pas une récolte plus élevée que des eaux dont la pureté serait la même que celle des eaux de mer, et marquant seulement 15°70 (n° 92) ; et ces résultats doivent être considérés comme l'expression atténuée des mauvais effets de l'altération qui résulte du mélange des eaux mères : car, ainsi qu'on l'a dit, la qualité des récoltes s'en ressent elle-même de plus en plus.

Poids des sels rejetés des salins avec les eaux-mères.

22 — Les eaux mères, qui retiennent en dissolution la presque totalité des sels étrangers et une partie du sel marin renfermés dans les eaux mises en œuvre, seront évidemment d'autant plus abondantes que les eaux de l'étang seront plus chargées d'impuretés. L'évaluation des quantités de sel marin et de sels étrangers ainsi rejetés des salins à chaque récolte se conclut tout directement des mêmes données que celles dont il vient d'être question : elle fait l'objet de la note F, et les résultats en sont consignés dans le tableau *E* (n° 96). On reconnaît ainsi qu'avec la proportion actuelle des sels étrangers, ces résidus de la fabrication s'élèvent, par 100 kilogr. de sel récolté, à 78^{k}38, savoir, 64^{k}15 de sels étrangers et 14^{k}23 de sel marin.

Évacuations au dehors de la Valduc.

Mais une partie de ces résidus retourne à La Valduc. Les salins de Citis et de Rassuen sont les seuls auxquels ait été imposée, lors des concessions, l'obligation de les évacuer au dehors de l'étang. — La fabrication de ces deux grands salins, qui occupent ensemble 104 hectares sur les 200 hectares de superficie totale des établissements de La Valduc, peut être évaluée, d'après ces chiffres, aux $\frac{52}{100}$ de la production totale de ceux-ci. Telle est donc aussi la proportion dans laquelle se fait l'évacuation des eaux mères au dehors de l'étang. — Pour faciliter les calculs dont il va être question, on a consigné dans un tableau particulier, *F* (n° 104), les chiffres de ces évacuations au dehors de La Valduc pour chaque quintal métrique de récolte. Ils se déduisent de ceux du tableau *E*, en multipliant ceux-ci par le rapport $\frac{52}{100}$.

23 — Il est possible, à l'aide des divers tableaux dont il vient d'être question, d'évaluer très-approximativement les chiffres des futures récoltes, dans le cas où l'étang serait avivé, et dans le cas où il ne le serait pas. Ce calcul est assez long et minutieux ; mais il repose sur des bases fort simples. — Une masse d'eau salée, contenue dans un bassin de capacité et de superficie connues, et renfermant en dissolution un poids de sels connu, s'appauvrit, par une récolte, d'un poids également connu de sel marin et de sels étrangers ; l'évaporation et l'industrie lui enlèvent en même temps un volume d'eau que l'on connaît aussi : on est donc pourvu de tous les éléments nécessaires pour déterminer les changements qu'apportera la récolte dans la salure et la composition de cette masse d'eau. Il est facile, dès lors, de déterminer, d'après ces données nouvelles, et à l'aide des tableaux ci-dessus mentionnés (1), quels seront, pour l'année suivante, le chiffre des récoltes et celui des évacuations avec les eaux mères; et de continuer ainsi, et de proche en proche, à conclure, du chiffre des extractions correspondantes à une récolte, la situation qui en résultera pour l'année suivante, et de cette situation, les chiffres de la récolte postérieure et de l'extraction correspondante. Calcul de la succession des récoltes.

24 — Ces calculs, pour le cas où l'étang ne serait pas avivé, sont consignés aux n°s 107 à 111, et les résultats en sont résumés dans le tableau I, placé à la fin de ce travail. Il y a lieu de dire ici quelques mots des suppositions dans lesquelles il a été établi. — Le but final de cette étude est l'appréciation des résultats à attendre de l'avivage. Cette appréciation ressortira de la comparaison du tableau dont on s'occupe ici avec ceux dont il sera plus loin question, et qui se rapportent au cas où La Valduc serait avivée et aux diverses hypothèses qui peu- Tableau I.

(1) Pour les diverses évaluations de ce travail, il est nécessaire d'avoir à chaque instant ces tableaux sous les yeux ; et on les a réunis sur une même feuille, placée à la suite des tableaux relatifs à la succession des récoltes.

vent être faites en pareil cas. — Il y avait donc lieu, pour la formation du tableau I, d'évaluer à leur maximum les récoltes et les bénéfices restant à faire dans le cas où l'étang ne serait pas avivé, et, en cas d'hésitation sur quelques données, d'admettre de préférence les plus favorables. Un peu d'exagération dans les chiffres de ce tableau ne saurait avoir, en effet, d'autre conséquence que d'amoindrir l'évaluation des avantages promis par l'avivage, et de la rendre, en dernière analyse, plus digne de confiance.

25 — On a admis que tout déversement d'eaux étrangères serait interdit, et que l'on profiterait aussi longtemps que possible de la concentration qui résulte de la dépression naturelle du niveau. Le calcul de la succession des récoltes démontre que, dans cette hypothèse, la concentration atteindrait 25 degrés en 1868. Mais la profondeur d'eau de l'étang se trouvant alors réduite à $0^{m}86$, il serait difficile de laisser la dépression se poursuivre davantage, et l'on a supposé qu'à partir de cette époque, le niveau serait maintenu par des admissions d'eau suffisantes pour compenser celle-ci. — La colonne *c* du tableau fait voir que, dès ce moment, le degré des eaux tomberait rapidement.

26 — La colonne *d* indique les progrès de l'altération apportée par le mélange des eaux mères à la composition des eaux de l'étang. Ils seraient rapides, et, après 14 récoltes, la proportion des sels étrangers par rapport à la totalité des sels dissous serait de $\frac{500}{1000}$, c'est-à-dire que les impuretés existeraient dans La Valduc en proportions égales au sel marin. Il est douteux que, dans de telles conditions, on obtînt encore des sels de qualité acceptable. Toutefois, et pour avoir, conformément à ce qui a été dit tout à l'heure, une évaluation aussi large que possible des récoltes restant à faire, on a poussé les calculs jusqu'à la 15ᵉ année.

27 — La colonne *e* indique la succession des récoltes conclues de la salure et de la composition des eaux (nos 107 à 111). Pour point de départ de ces évaluations, on a admis le chiffre de $425{,}000^{qm}$, comme représentant, pour l'ensemble des salins, la récolte moyenne correspondante à l'état moyen de la salure et de la composition des eaux pendant les 15 à 20 dernières années. L'exactitude de ces évaluations sera confirmée plus loin (n° 151) par une remarquable concordance, une donnée pratique bien connue.

On voit que les récoltes s'accroîtraient jusqu'en 1868, grâce à la dépression du niveau ; mais qu'à partir de cette époque, elles déclineraient très-rapidement, par suite de l'affaiblissement du degré et de la surabondance croissante des impuretés.

Le total inscrit au bas de la colonne *e* montre que la somme des récoltes restant à faire s'élèverait à 5,856,000^{qm}. Ce chiffre représente à peu près les deux tiers de l'approvisionnement actuel de sel marin, évalué plus haut à 8,284,000^{qm} (n° 14). L'autre tiers, sauf une petite partie perdue avec les eaux mères évacuées au dehors de La Valduc, resterait, sans pouvoir être utilisé, dans les eaux devenues impropres à la fabrication.

Variations du prix du sel avec le chiffre des récoltes.

28 — A mesure que les récoltes iraient en diminuant, le prix de revient du sel irait, au contraire, en s'accroissant ; et c'est une circonstance à laquelle il y avait encore lieu d'avoir égard pour l'appréciation des bénéfices futurs. Il est facile de se rendre très-approximativement compte de ces variations. Parmi les dépenses de fabrication du sel, la plupart restent toujours les mêmes, quelle que soit la récolte : telles sont celles relatives à l'entretien des salins, des bâtiments et des machines, les contributions, les frais de préparation annuelle des tables et chauffoirs, les dépenses pour fournitures et objets divers, etc., et enfin les traitements du personnel, des directeurs d'établissements, sauniers, chauffeurs et mécaniciens.

Les frais de combustible à consommer pour la marche des pompes élévatoires restent eux-mêmes presque constants, quel que soit le chiffre de la récolte. La quantité d'eaux de l'étang à mettre en œuvre pour le salinage ne variera, en effet, qu'entre des limites restreintes avec leur degré de concentration (n° 83), et, à égalité de degré, elle restera toujours la même, quel que soit leur état de pureté.

En résumé donc, de tous les frais de fabrication du sel, ceux de levage et de mise en camelles de la récolte sont les seuls qui s'accroissent ou décroissent proportionnellement au chiffre de celle-ci. Il est clair, dès lors, que, le chiffre des récoltes venant à varier avec le plus ou moins de richesse et de pureté des eaux de La Valduc, les frais afférents à la fabrication de chaque quintal métrique de sel, ou les prix de revient, suivront une marche inverse : et ce qui vient d'être dit suffit pour laisser voir qu'il est facile d'apprécier exactement ces variations. Les calculs relatifs à cet objet sont consignés dans la note K.

Bénéfices nets.

29 — On a admis, pour la formation du tableau I, de même que pour les autres tableaux dont il sera bientôt question, que les sels de La Valduc se vendront au prix moyen de 1 franc les 100 kilogrammes livrés sur le gravier, tous frais restant à la charge de l'acheteur.

Les bénéfices nets à réaliser par quintal métrique de récolte résultent de la différence entre ce prix de vente et le prix de revient (1). Ils figurent dans la colonne *f*, et la colonne *g* donne les bénéfices nets totaux afférents à chaque récolte. Les deux dernières colonnes se rapportent à une appréciation financière dont il sera plus loin question.

30 — Le prix de vente de 1 franc est modéré ; il est même à espérer qu'il sera souvent dépassé, mais à une condition, c'est que la qualité des sels de La Valduc ne s'altérera pas davantage : car, s'il en était ainsi, la vente en deviendrait certainement de plus en plus difficile. Or, c'est ce qui arriverait infailliblement dans le cas auquel se rapporte le tableau dont on s'occupe ici, celui où l'étang ne serait pas avivé. Il n'eût été possible de tenir compte de cette circonstance défavorable qu'en attribuant au quintal métrique de sel des valeurs décroissantes d'année en année, et nécessairement un peu arbitraires. Nous avons mieux aimé n'en rien faire ; et il en résulte que les bénéfices auxquels il y aurait lieu de s'attendre encore, si les choses étaient abandonnées à leur cours naturel, sont très-certainement exagérés par les évaluations de ce tableau. — Il porterait, comme on le voit, à 15 ans la durée des futures exploitations, dans les suppositions les plus favorables. Il est à croire qu'on serait plus près de la réalité en évaluant cette durée à 10 ou 12 ans. La situation deviendrait donc bientôt très-critique, si l'on n'avait pas à sa disposition les ressources que créera l'avivage, ressources qu'il s'agit maintenant d'apprécier.

(1) Les prix de revient consignés au tableau I et dans les tableaux suivants ne comprennent pas l'intérêt et l'amortissement des capitaux engagés.

III

Appréciation des ressources que créera l'avivage.

31 — Les travaux nécessaires pour l'avivage de La Valduc consisteront, comme on l'a déjà dit : 1° à creuser sur ses versants, et un peu au-dessus du niveau de la mer, des fossés de ceinture destinés à recueillir et à détourner les eaux envoyées à l'étang par les parties supérieures de ces versants; 2° à établir de la mer à l'étang un canal pareil à l'ancien canal du Roi, et à profiter du détournement des eaux douces pour introduire chaque année dans La Valduc de grands volumes d'eau de mer, sans y produire des exhaussements de niveau qui en affaibliraient la salure.

Pour se rendre compte des résultats à recueillir de ces travaux, il y a lieu de rechercher d'abord quel sera le volume d'eau de mer à introduire ainsi chaque année dans l'étang; et il est pour cela nécessaire d'entrer dans quelques nouveaux détails sur les conditions de son régime hydrostatique.

Cet étang est alimenté par la pluie directe, par quelques petites sources qui s'y déversent, et par les eaux pluviales qui lui viennent des versants de son bassin. — Il s'appauvrit chaque année des volumes prélevés par l'industrie et de ceux enlevés par l'évaporation qui s'accomplit à sa surface ; et ce qui a été déjà dit de la dépression annuelle de son niveau démontre que, dans l'état actuel des choses, son alimentation naturelle ne suffit pas tout à fait pour compenser ces pertes.

Hauteur de l'évaporation à la surface de La Valduc.

32 — La hauteur de la tranche annuellement évaporée à la surface des nappes d'eau stagnantes varie beaucoup avec la latitude et avec leur situation topographique. Elle est considérable dans les pays méridionaux; ainsi, une série d'observations faites de 1782 à 1801 a démontré qu'à Rome, en un lieu situé à l'ombre et peu en prise au vent,

car l'expérience avait lieu dans une cour, cette hauteur s'élève, année moyenne, à 2m36.

Pour connaître exactement cette même hauteur à La Valduc, il faudrait recourir à l'expérience directe dans la localité même ; mais cette expérience, pour donner des résultats concluants, devrait embrasser une période d'une dizaine d'années, car l'intensité de l'évaporation varie considérablement d'une année à l'autre. — A défaut d'observations directes, il semble possible de s'en faire une idée approchée par comparaison avec ce qui se passe dans d'autres localités de la même région. — Les ingénieurs s'accordent à admettre qu'à Marseille, la hauteur moyenne de la tranche évaporée à la surface d'une nappe d'eau douce exposée au soleil et au vent est de 2m50 ; et l'observation paraît avoir démontré qu'elle est même un peu plus grande à Arles (Gasparin, *Cours d'agriculture*, 2e volume), ce qui s'explique par les vents si habituels, et souvent si impétueux, de la vallée du Rhône. — Elle doit être, pour le moins, aussi grande à La Valduc ; car le bassin de cet étang, ouvert comme il l'est aux vents du nord et du sud, tandis qu'il est resserré, à l'est et à l'ouest, entre des coteaux rapides, semble être tout particulièrement disposé pour accroître encore la violence de ces vents.

Influence de la salure des eaux sur l'évaporation.

33 — On peut donc admettre ce chiffre de 2m50 comme celui de l'évaporation qui s'accomplirait à la surface d'une nappe d'eau douce placée dans les mêmes conditions que celle de La Valduc. Mais l'évaporation à la surface de cet étang lui-même est sensiblement moindre, parce que la faculté évaporatoire des eaux salées est moindre que celle des eaux douces.

M. Schlœsing, qui a bien voulu entreprendre à ce sujet quelques expériences comparatives, est arrivé aux résultats suivants : — la faculté évaporatoire diminue d'une manière à peu près régulière à mesure que s'accroît la concentration des eaux ; et, en évaluant à 2m50 la hauteur d'évaporation d'une nappe d'eau douce, cette hauteur se réduira, pour des nappes d'eau salée placées dans les mêmes conditions, savoir (1) :

Pour des eaux à 17 degrés, à	....	1m90.
— à 22 —	....	1m75.
— à 25 —	....	1m60.

(1) M. Schlœsing a employé pour cette expérience des eaux composées, quant aux

De ces chiffres, et à l'aide d'une interpolation fort simple (*Voir* le nº 82), il est facile de conclure les hauteurs d'évaporation correspondantes aux degrés de salure intermédiaires entre les précédents ; et c'est ainsi qu'a été formé le tableau suivant (1) :

DEGRÉS de salure.	HAUTEUR de la tranche évaporée à La Valduc.	DEGRÉS de salure.	HAUTEUR de la tranche évaporée à La Valduc.	DEGRÉS de salure.	HAUTEUR de la tranche évaporée à La Valduc.
17	1.90	20	1.82	23	1.71
18	1.88	21	1.79	24	1.66
19	1.85	22	1.75	25	1.60

Hauteur de la tranche d'eaux douces alimentaires.

34 — Une appréciation consignée au nº 103 montre que le volume d'eau extrait chaque année par les salins de La Valduc pour leur fabrication constitue sur la superficie de cet étang une tranche de 0^m10 de hauteur. — Cette cause, réunie à l'évaporation naturelle, porte donc à 2^m la hauteur de la tranche annuellement enlevée à l'étang, lorsque

proportions relatives du sel marin et des sels étrangers, comme les eaux de la Méditerranée, avec cette seule différence que l'ensemble de ceux-ci était remplacé par un poids égal de chlorure de magnésium, le plus déliquescent de tous. Il en résulte que la faculté évaporatoire de l'eau employée dans l'expérience devait être un peu moindre encore que celle d'une eau composée exactement comme celle de la mer, ce qui ne pouvait donner que des résultats plus concluants.

Des vases plats, de même dimension, ont été remplis avec des eaux provenant de la même dissolution, d'abord saturée de sel, puis successivement étendue d'eau, de manière à marquer divers degrés de l'aréomètre. Ces vases et un autre vase pareil contenant de l'eau pure ont été placés dans des conditions identiques et à une température moyenne de 22 degrés centigrades. Dans ces conditions, les facultés évaporatoires se mesurent par la comparaison des poids d'eau évaporée dans le même laps de temps du vase contenant de l'eau pure et des vases contenant les diverses dissolutions.

On a ainsi reconnu qu'en désignant par 1 la faculté évaporatoire ou le poids d'eau évaporée, ou, ce qui revient encore au même, la hauteur de la tranche évaporée d'une nappe d'eau douce, la hauteur de cette tranche se réduit, savoir :

Pour des eaux à 17 degrés de salure.............. à 0.76
— — à 22 — — .... à 0.70
— — à 25 — — .... à 0.64

C'est de ces chiffres multipliés par 2^m50 que sont déduits ceux du nº 33.

(1) M. Vallès avait conclu de l'évaporation qui s'accomplit sur les salins de La Valduc, lors de la fabrication du sel, des chiffres qui ne diffèrent pas beaucoup de ceux-ci, mais toutefois un peu plus forts.

les eaux de celui-ci marquaient 17 degrés. Or, puisque avec ce degré de salure, qui a été, en moyenne, celui des 55 dernières années, cette nappe d'eau, abandonnée à elle-même, éprouve une dépression moyenne annuelle d'environ $0^{m}20$, on doit en conclure que les volumes apportés par la pluie directe, par les sources et par les eaux pluviales des versants, forment ensemble une tranche d'eau de $1^{m}80$ environ de hauteur.

Hauteur de la tranche provenant des versants et des sources.

35 — On sait que, dans la région de Marseille, la hauteur des pluies annuelles est de $0^{m}60$; d'où il faut conclure que les eaux apportées à l'étang par les sources et celles envoyées par les versants, et dont il s'agit de détourner une fraction aussi grande qu'on le pourra, constituent sur cet étang une tranche de $1^{m}\,80 - 0^{m}\,60 = 1^{m}\,20$, à peu près, de hauteur.

Travaux de dérivation à exécuter au nord de La Valduc.

36 — Ces sources sont minimes ; leur débit, qui peut être évalué à 10 ou 12 litres par seconde, n'apporte annuellement à l'étang qu'une tranche de 10 à 12 centimètres. L'une d'elles, presque insignifiante, vient sourdre sur la plage, entre le salin de Forbin et la pompe à feu du Mazet ; les autres, plus importantes, arrivent à La Valduc par les ravins du Fanfarigoule et du Moutonnier, situés au nord de l'étang. (*Voir* le plan.)

C'est par ces deux ravins que lui arrive également la majeure partie des eaux pluviales des versants de son bassin. C'est là que se réunissent, en effet, celles d'une assez grande étendue de la plaine de la Crau, comprise dans ce bassin ; et, après les pluies, qui, à certaines époques de l'année, tombent dans cette région avec beaucoup d'intensité, Fanfarigoule et le Moutonnier deviennent, en quelques heures, de petits torrents dont le débit est quelquefois assez considérable.

Dès l'époque de la création des établissements salins, et bien qu'il ne fût alors nullement question de l'avivage, les riverains s'occupèrent déjà du détournement de ces eaux douces de Fanfarigoule et du Moutonnier, qui devaient évidemment affaiblir la salure ; et la notice du président Cappeau mentionne des réunions qui eurent lieu à cet effet en 1803 et en 1805, et où cette mesure avait été décidée. Mais les riverainsrass urés sans doute par la permanence du degré pendant les premières années d'exploitation, cessèrent de s'en préoccuper. — C'est en cela que consisterait encore aujourd'hui le plus important des travaux de dérivation.

Il sera nécessaire d'établir à cet effet un barrage dans chacun des deux ravins, et d'en recueillir les eaux dans un canal de ceinture qui sera dirigé, soit vers la mer, par les coteaux de La Valduc et d'Engrenier, soit vers les marais de Fos, dans la direction A A A, d'où il sera mis en communication avec la mer par un petit canal aujourd'hui existant, dit Roubine de la ville. Ce dernier tracé semble devoir être de beaucoup préférable à l'autre, comme plus simple et plus économique. En le prolongeant vers l'est en BB, jusqu'aux environs de la pompe à feu de Rassuen, on achèvera d'isoler par ce prolongement les versants nord de la Valduc.

Appréciation du volume d'eau douce provenant des versants nord.

37 — Il est possible de se faire une idée de l'importance des volumes d'eau qui seraient détournés par ce canal de ceinture s'il remplissait son but avec une efficacité complète. — Ainsi, et dans l'hypothèse où l'on parviendrait à recueillir et à rejeter à la mer la totalité des eaux envoyées à La Valduc par les parties de son bassin situées au nord de ce canal, il ne resterait plus dans ce bassin, dont la limite ouest est à peu près figurée au plan par la ligne mm, et dont les parties est sont déjà isolées par le canal de vidange de Rassuen fff, il ne resterait plus qu'une étendue de 150 à 200 hectares de versants non isolés, dont les eaux continueraient à se rendre à l'étang, à quoi s'ajouteraient 300 hectares, environ, du bassin de Citis, dont les eaux sont aussi déversées dans La Valduc. Or, quelle est l'importance du volume d'eau envoyé par ces 500 hectares de versants ?

On sait qu'une évaluation de cette nature n'est pas, en général, susceptible d'une grande précision, parce que la partie des eaux pluviales reçues par les versants, qui n'est ni absorbée par le sol, ni évaporée sur place, et qui, lors des averses, s'écoule à leur surface, cette partie des eaux pluviales dépend de circonstances très-variables, telles que le climat, la nature plus ou moins perméable du sol, son exposition plus ou moins en prise au vent, sa pente, la nature des cultures, etc., etc. — Mais il est possible, au cas particulier dont il s'agit ici, de s'en faire une idée nette, en se basant sur un fait d'expérience locale précis, et relatif aux bassins voisins du Poura et d'Engrenier. On est ainsi conduit à reconnaître (*voir* la note L) que ces 500 hectares de versants non isolés continueraient à envoyer à La Valduc 1,000,000 de mètres cubes d'eau, formant, sur 340 hectares de l'étang, une tranche d'eau de 0^m29 de hauteur. Pour en avoir une évaluation plutôt exagérée qu'affaiblie, on portera ce chiffre à 0^m40.

La hauteur totale de la tranche provenant des sources et des versants a été évaluée tout à l'heure (nº 35) à 1m20. Si l'on en retranche celle provenant du bassin de Citis et des parties du bassin de La Valduc qui échappent à l'action du canal de dérivation, la différence, 0m80, représente approximativement la hauteur de la tranche provenant des sources et des parties du bassin situées au nord de ce canal, et qu'il aura pour objet de détourner.

38 — Mais il n'est pas à espérer qu'il atteigne ce but avec une perfection telle que rien ne lui échappe. — Si les eaux douces qu'il recueillera se répartissaient également sur toute l'année, une fort petite section suffirait à leur écoulement. Mais elles arrivent, au contraire, assez souvent par grandes masses, lors des pluies abondantes, et cette circonstance accroîtra beaucoup les dimensions à donner à ce canal. En le supposant établi en prévision des volumes d'eau à conduire habituellement après les plus fortes pluies, il y aura lieu de prévoir le cas des pluies exceptionnelles, et de ménager l'écoulement des volumes surabondants par des déversoirs. Le détournement sera donc plus ou moins complet, selon qu'on aura donné au canal et aux barrages à établir dans les deux ravins des dimensions plus ou moins grandes. Peut-être aussi des filtrations tendront-elles à se faire par-dessous ces barrages, et sera-t-il difficile de les arrêter complétement.

Il n'est guère possible, d'après cela, d'apprécier par avance avec précision quel sera réellement le volume détourné par ces travaux. Mais, après avoir reconnu que les eaux des parties nord du bassin de La Valduc contribuent pour une très-forte part à l'alimentation actuelle de cet étang, on est fondé à croire que ces travaux, en admettant même qu'ils ne remplissent qu'imparfaitement leur but, le débarrasseront d'un volume d'eaux douces déjà fort important.

Leur plus ou moins d'efficacité dépendra d'ailleurs beaucoup des riverains eux-mêmes, et de la perfection qu'ils jugeront utile d'y apporter. C'est un point sur lequel nous aurons à revenir ; et l'on verra qu'ils auront intérêt à ne rien négliger dans ce but. Mais essayons d'abord d'apprécier quelle sera l'importance des ressources à en tirer pour l'alimentation saline de l'étang.

Importance des ressources que créera l'avivage.

39 — En admettant, par exemple, que l'on rejette à la mer la moitié de la tranche de 1m20 provenant des versants et des sources, l'étang continuera à recevoir : 1º des versants, une tranche de 0m60, et 2º de la pluie directe, une tranche de hauteur égale : soit, en tout, 1^m20, au lieu de 1^m80 qu'il reçoit aujourd'hui (n° 34). La hauteur de la tranche prélevée par l'évaporation et par l'industrie s'élevant, comme on l'a vu (*ibidem*) à 2 mètres, il en résulte qu'il sera possible d'introduire dans l'étang, pour son avivage, et sans y produire aucun exhaussement de niveau, une tranche d'eau de mer de 0^m80 de hauteur (1).

Le canal d'amenée de ces eaux de mer, figuré au plan par le tracé DDD, suivra en partie le tracé de l'ancien canal du Roi, dont il empruntera la prise d'eau, et il n'y a ici rien de particulier à en dire.

Cette tranche d'eau de mer de 0^m80 de hauteur formerait, sur les 340 hectares de La Valduc, un volume égal à $0.80 \times 3{,}400{,}000 = 272{,}000$ mètres cubes ; et le mètre cube d'eau de mer à 3° 50 renfermant $0^{qm}277$ de sel marin et $0^{qm}082$ de sels étangers (n° 75), ce volume d'eau apporterait chaque année dans l'étang les poids de sels suivants :

Sel marin......	$0^{qm}277 \times 272{,}000 =$	753,000 quint. m.
Sels étrangers...	$0^{qm}082 \times 272{,}000 =$	223,000
Total.................		976,000 quint. m.

L'évaporation se chargeant de faire disparaître à la fois le volume de cette tranche d'eau de mer de 0^m80 et celui de la tranche d'eaux douces de 1^m20, il est clair que les choses se passeront alors, et en dernier résultat, pour La Valduc, exactement *comme si l'équilibre de salure existait naturellement dans cet étang, et qu'on y jetât chaque année les 976,000 quintaux métriques ci-dessus de sels parfaitement secs.*

40 — Pour résumer en quelques mots la discussion qui précède, on peut dire que les travaux d'avivage auront pour effet de rendre disponible, pour la concentration des eaux de mer, toute la puissance évaporatoire aujourd'hui consacrée en pure perte à l'évaporation de la tranche d'eaux douces dérivée ; que les riverains, par ces travaux, se seront réellement approprié cet agent naturel et l'auront mis au service de leur industrie ; qu'enfin, La Valduc, grâce à la disposition topographique très-remarquable de son bassin, deviendra ainsi, pour les

(1) Cette hauteur de 0^m80 se compose de celle de la tranche d'eau dérivée, accrue de celle (0^m20) de la dépression annuelle correspondante au degré de salure moyen 17, dépression qui permettrait dès aujourd'hui, et sans aucun travail de dérivation, d'introduire chaque année dans La Valduc une tranche d'eau de mer de 0^m20.

établissements salins, un immense chauffoir naturel, s'alimentant directement à la mer sans frais d'élévation aucuns.

41 — Les masses de sel dont les chiffres viennent d'être évalués sont bien supérieures à celles extraites aujourd'hui par la fabrication ; et il est évident que, sous l'influence d'un avivage aussi abondant, le degré des eaux de La Valduc s'accroîtrait dans une progression rapide. — Mais il résulte en même temps de ce qui a été dit plus haut (n° 33) que cet accroissement progressif du degré aurait à son tour pour effet de réduire peu à peu la hauteur de la tranche évaporée à la surface de l'étang, et, partant, la hauteur de la tranche d'avivage et le poids des sels apportés par elle.

Les chiffres ci-dessus, qui correspondent à l'hypothèse d'une concentration de 17 degrés dans La Valduc, sont donc un peu supérieurs aux chiffres *moyens* de l'avivage annuel à attendre du détournement d'une tranche d'eaux douces de 0^m 60 de hauteur.— Ainsi, dans le cas où la salure de La Valduc s'élèverait un jour à 22°, par exemple, la hauteur de la tranche évaporée ne serait plus (n° 33) que de 1^m 75 ; et cette hauteur, accrue de celle de la tranche de 0^m 10 prélevée par les fabrications, s'élèverait à 1^m 85. La tranche apportée par les versants et la pluie directe étant toujours de 1^m 20, la hauteur de la tranche à emprunter à la mer se réduirait à $1^m\,85 - 1^m\,20 = 0^m\,65$. De sorte qu'entre les deux limites ci-dessus de la concentration, 17 et 22 degrés, la hauteur moyenne de la tranche d'avivage serait

$$\frac{0^m\,80 + 0^m\,65}{2} = 0^m\,72$$ (1).

Il y a lieu, maintenant, d'apprécier les résultats industriels et financiers à attendre des ressources créées par l'avivage au profit des établissements salins.

(1) Ce chiffre de 0^m72 ne concorde pas avec celui de la hauteur moyenne attribuée plus loin (tableau du n° 57) à la tranche d'avivage correspondante à la dérivation d'une tranche d'eaux douces de 0^m60 de hauteur. Cela tient à ce que, dans le cas actuel, on a supposé dans La Valduc, à l'origine de l'avivage, le degré de salure 17 ; tandis que le tableau en question répond au cas où, le niveau normal étant fixé à la cote 12^m40, les eaux de La Valduc marqueraient, dès l'origine de l'avivage, un degré beaucoup plus élevé. Dans ce dernier cas, la hauteur moyenne de la tranche d'avivage se réduirait un peu en conséquence.

IV

Résultats industriels de l'Avivage.

Résultats généraux à attendre d'une tranche d'avivage de 0^m70 [illegible]

42 — On a dit que la superficie occupée par la nappe d'eau de La Valduc est de 340 hectares à peu près. Elle se réduira un peu par suite des dépressions du niveau dont il sera bientôt parlé ; et pour les diverses évaluations qui vont suivre, on admettra le chiffre moyen de 330 hectares seulement.

En supposant que l'on puisse introduire chaque année dans l'étang une tranche d'eau de mer de 0^m 70 de hauteur (1), (et l'on verra (n° 142), que ce chiffre correspondrait à peu près au détournement d'une tranche d'eaux douces de hauteur égale), cette tranche d'eau de mer y apportera chaque année les poids de sels suivants (*Voir* le n° 112) :

Sel marin....................	640,000 quint. m.
Sels étrangers................	190,000
Total..........	830,000 quint. m. (2).

Ce poids total est à peu près double de celui des extractions actuellement faites par la fabrication. L'apport annuel dû à l'avivage aura donc pour effet d'améliorer promptement le degré des eaux. Les récoltes, à leur tour, s'accroîtront progressivement en conséquence ; et

(1) La hauteur de la tranche d'avivage diminuera un peu à mesure que les eaux se concentreront (n° 33), et, à la rigueur, il y aurait lieu de tenir compte de ces variations dans les calculs relatifs à la succession des récoltes. Mais, si le niveau normal est fixé à la cote 12^m40 (n°s 49 et 50), ces variations seront très-petites, parce que les eaux de La Valduc seront très-concentrées dès le début. Il est dès lors permis de simplifier les calculs relatifs à la succession des récoltes, en ayant seulement égard à la hauteur *moyenne* de l'avivage.

(2) Dans les divers calculs relatifs aux récoltes, on a généralement négligé les dizaines et les centaines de quintaux métriques.

il est clair que ces accroissements n'auront de limite que quand la fabrication extraira de l'étang autant de sels qu'en apporte l'avivage.

Équilibre de salure.

43 — De ce jour, il s'établira un équilibre de salure qui ne sera plus dérangé que dans les cas où l'abondance de l'avivage, ou encore l'importance et l'étendue des salins qui s'alimentent à La Valduc, viendraient à se modifier.

Si l'on évalue séparément, à l'aide des tableaux *B*, *C*, *D et F*, les poids de sel marin et de sels étrangers constituant les récoltes et ceux renfermés dans les eaux mères évacuées au dehors de La Valduc (n° 113 et suivants), on reconnaît que, dans l'état actuel des choses, la proportion des sels étrangers dans la masse totale extraite de l'étang sera sensiblement plus grande que dans la masse apportée par l'avivage. Il en résulte que l'avivage aura pour effet de diminuer peu à peu la proportion des impuretés, et d'améliorer la composition des eaux en même temps qu'il en élèvera le degré.

Ces deux améliorations auront chacune leur limite. — A mesure que s'accroîtront les récoltes, l'excédant apporté par l'avivage diminuera; — à mesure que s'améliorera la composition des eaux, la masse des eaux mères se réduira de son côté; et l'équilibre de salure existera, enfin, lorsque les poids de sel marin et de sels étrangers constituant la récolte et les évacuations seront ***respectivement*** et ***séparément*** égaux aux poids de sel marin et de sels étrangers fournis par l'avivage.

Récolte limite.

L'état de choses correspondant à l'équilibre de salure et le chiffre de la récolte limite qui lui répondra sont faciles à déterminer rigoureusement d'après la double condition qui vient d'être posée. Cette appréciation fait l'objet des n°s 121 et 122. Elle démontre que les sels étrangers formeront alors les $\frac{340}{1000}$ de la totalité des sels dissous dans l'étang, que le degré de salure s'élèvera à 23° 45, et que la récolte correspondante sera, pour l'ensemble des salins, de 634,000 quintaux métriques (1). Ce dernier chiffre se rapproche beaucoup, comme on le

(1) Quand l'équilibre de salure sera établi, le mélange formé par les eaux d'avivage et les eaux mères rejetées à l'étang par les salins autres que Citis et Rassuen devra évidemment renfermer la même proportion d'impuretés que les eaux de l'étang lui-même; car, autrement, la composition de celles-ci s'altérerait. Il est aisé de reconnaître que cette condition sera elle-même très-exactement remplie, quand les sels étrangers ne formeront plus dans La Valduc que les $\frac{340}{1000}$ de la totalité des sels

voit, de celui du sel marin apporté par l'avivage, et évalué tout à l'heure à 640,000 quintaux métriques (1).

Nécessité du calcul de la succession des récoltes.

44 — La détermination de l'équilibre de salure est utile pour fixer les idées, mais elle ne suffirait pas pour faire connaître avec un peu de précision les résultats industriels et financiers à attendre de l'avivage ; car, en réalité, cet équilibre est un état théorique, et, rigoureusement, il ne s'établirait qu'après un temps infini. — Sans doute, après un certain nombre d'années, il s'établira dans l'étang un état voisin de celui-là, et à peu près équivalent au point de vue pratique ; mais ce ne sera encore qu'après un laps de temps assez long, et des bénéfices à réaliser seulement dans un avenir éloigné se réduisent tellement, quand on les rapporte par l'escompte au temps présent, qu'il importait beaucoup aussi, dans une appréciation industrielle, de se rendre compte des résultats à attendre dans un avenir rapproché.

Le seul moyen d'y arriver était de renouveler, pour le cas actuel, le calcul de la succession des récoltes en tenant compte de l'apport fait chaque année pour l'avivage. Les bases de ce calcul sont absolument les mêmes, sauf cette donnée nouvelle, que pour le cas déjà examiné où l'étang ne serait pas avivé (n° 23).

45 — En supposant que les travaux de dérivation des eaux douces et d'amenée des eaux de mer soient commencés dans le courant de 1861, il sera facile de les terminer dans le courant de 1862. On pourra donc détourner les eaux douces pendant l'automne de 1862, l'hiver 1862-1863, et le printemps suivant ; et, en introduisant les eaux de mer dans La Valduc à mesure que le niveau se déprimera, on profitera à peu près complétement de l'avivage dès la saunaison de 1863.

En admettant d'ailleurs aussi que l'on se soit préservé, d'ici là, de tout déversement d'eaux étrangères, et que la dépression naturelle du niveau ait suivi son cours moyen, ce niveau, qui se trouvait en 1860,

dissous (*Voir* le n° 124) : et cette appréciation sert à vérifier l'exactitude de la précédente.

(1) Ce n'est pas à dire que ce poids apporté par l'avivage passe presque entier dans la récolte. Celle-ci renferme, par 100 kil., 95^k de sel marin, 2^k80 de sels étrangers, et 2^k20 d'eau (n° 85). La récolte de $634,000^{qm}$ renfermerait donc un poids de sel marin égal à $0.95 \times 634.000 = 602,000^{qm}$; et le reste de l'apport de sel marin fait par l'avivage, $38,000^{qm}$, serait perdu avec avec les eaux mères de Citis et de Rassuen.

pendant les mois de la saunaison, à la cote moyenne de 11m 26, sera descendu, pour la saunaison de 1863, à la cote 11m 66.

Ici se présenterait la question de savoir quelle sera la cote du niveau permanent et normal à conserver indéfiniment à l'avenir. Il est clair qu'elle sera facultative et que les riverains seront libres de la fixer à leur gré, puisqu'il suffira pour la faire varier à volonté d'admettre des volumes d'eau d'avivage plus ou moins grands. Il y a là une question très-importante; mais elle sera discutée plus loin, et pour le moment, on supposera que ce niveau normal soit maintenu à la cote du niveau moyen en 1862, ou, en chiffres ronds, à la cote 11m 70.

Résultats en supposant le niveau normal à la cote 11m70.

Tableau II.

46 — Le calcul de la succession des récoltes, fait dans cette supposition, est consigné aux nos 112 à 114, et les résultats en sont résumés dans le tableau II (voir à la fin de ce travail).

Pour abréger la longueur de ce tableau, on a calculé, à partir de la dixième année d'avivage, les récoltes par groupes de cinq ans.

On reconnaît, à l'inspection de ce tableau, que l'équilibre de salure ne sera pas encore atteint après quarante ans d'avivage ; mais le chiffre des récoltes annuelles, qui s'élèvera alors à 610,000 quintaux métriques, se rapprochera de celui de la récolte limite.

La colonne *f* montre quelle sera la diminution progressive du prix de revient, et les colonnes *g* et *h*, quels seront les bénéfices correspondants, en supposant toujours un prix de vente de 1 fr. par quintal métrique de sel livré sur le gravier.

Appréciations financières.

47 — Ces chiffres de la colonne *h* peuvent se résumer en un seul, qui donne la mesure des résultats financiers promis par l'avivage : c'est celui du capital équivalent à l'ensemble des bénéfices réalisables dans l'avenir. Il suffit, pour l'obtenir, de rapporter par l'escompte chacun de ces bénéfices futurs au temps présent. On les a rapportés à l'année 1862, qui sera celle des déboursés à faire pour l'exécution des travaux. Quant au taux de cet escompte, on a choisi celui de 10 p. 0/0 comme le plus convenable dans une appréciation industrielle.

C'est ainsi qu'a été établie la dernière colonne du tableau. — Dans la petite colonne *i*, placée à gauche de celle-ci, est indiqué le nombre d'années après lequel chaque bénéfice est réalisable, à partir de 1862, et pour lequel l'escompte est à faire. — Pour chaque période quinquennale, les bénéfices sont supposés réalisables l'année milieu de cette période; ainsi, pour la période 1873-1877, le bénéfice total des cinq années, 1,381,000 fr., est supposé réalisable en 1875, ou après treize ans, et au taux de 10 0/0 il équivaut à une somme de 401,000 fr., réalisable en 1862.

Le bénéfice net annuel de la dernière période quinquennale portée au tableau est de 360,000 fr.; il est donc encore un peu inférieur à celui de 385,000 fr., correspondant à la récolte limite. On peut admettre approximativement, à partir de l'année 1903, un bénéfice net annuel moyen de 372,000 fr., chiffre intermédiaire entre les deux précédents. Or, à ce bénéfice annuel indéfiniment assuré, à dater de 1903, équivaut, au taux de 10 p. 0/0, un capital de 3,720,000 francs, réalisable en 1902, ou après 40 ans, et ce capital, escompté à 1862, se réduit à 82,000 fr. Tel est le chiffre porté au bas de la colonne *k* et complétant l'ensemble des bénéfices nets escomptés.

Le total de cette même colonne s'élève à 2,464,000 fr. Telle est la somme qui, placée à 10 p. 0/0 et à intérêts composés, permettrait de solder à chaque échéance les bénéfices futurs inscrits dans la colonne *h*, et à laquelle doit être évaluée, par conséquent, la valeur industrielle des établissements salins dans les hypothèses auxquelles se rapporte le tableau II.

Le dixième de cette même somme, 246,000 fr., représente le revenu net moyen équivalent aux bénéfices nets progressifs de la colonne *h*.

Accroissement de valeur industrielle procuré aux salins par l'avivage.

48 — Si l'on renouvelle pour le tableau I, relatif au cas où La Valduc ne serait pas avivée, les mêmes calculs d'escompte que pour le tableau II, on reconnaît que, dans ce cas, la somme des bénéfices à réaliser encore, depuis 1863 jusqu'à l'époque où les exploitations salines seraient forcément abandonnées, la somme de ces bénéfices escomptés à 1862 s'élèverait à 1,456,000 fr. De la comparaison de ce chiffre avec celui de 2,464,000 fr., qui figure au bas du tableau II, ressort définitivement la mesure des avantages à attendre de l'avivage.— La différence de ces deux chiffres porte à 1,008,000 fr. l'accroissement de valeur industrielle qui en résulterait pour l'ensemble des établissements salins. On va voir qu'il sera possible de tirer encore un bien meilleur parti des ressources dont on disposera et de doubler à peu près ce chiffre.

L'exécution des canaux de dérivation, y compris ceux du bassin de Citis et du canal d'amenée des eaux de mer, ne coûtera probablement pas au delà de 130,000 fr. à 150,000 fr. Ces travaux, s'ils permettent de porter à 0m 70 la hauteur de la tranche d'avivage, seront, comme on le voit, féconds en résultats. Ces résultats, au reste, n'ont rien dont on puisse être surpris, si l'on réfléchit à la puissance de l'agent naturel que les salins se seront approprié par ces travaux (40).

V

Fixation du niveau normal.

Possibilité d'obtenir une concentration immédiate des eaux.

49 — On a supposé, dans l'exemple précédent, que l'on introduirait dès la première année dans La Valduc la tranche d'eau de mer de 0m70 à admettre en remplacement des eaux douces détournées, et que l'on conserverait ensuite indéfiniment, en continuant chaque année de la sorte, le niveau de l'étang à la cote 11m70 au-dessous du niveau de la mer.

Mais on pourra tirer de la dérivation des eaux douces un autre parti, et en profiter pour obtenir immédiatement dans La Valduc une forte concentration. En ajournant à 1864 l'admission de la tranche d'eau d'avivage de 0m70, le niveau se déprimera en 1863 de toute la hauteur de celle-ci, ou jusqu'à la cote 12m40; et l'appréciation du n° 115 fait voir que la concentration s'élèvera alors à 22°25. En procédant ensuite, à partir de 1864, comme dans le cas précédent, le niveau se maintiendra à la cote 12m40, et cette forte concentration continuera à s'accroître par l'avivage. On se sera donc mis immédiatement, et sans frais aucuns, en possession des grandes récoltes promises par l'avivage, au lieu d'attendre peu à peu ces résultats de l'amélioration progressive et lente de la salure.

L'abaissement du niveau normal jusqu'à la cote 12m40 obligerait, il est vrai, plusieurs des établissements salins à quelques travaux pour abaisser en conséquence les seuils de leurs prises d'eau. — La question est de comparer la dépense de ces travaux aux profits à retirer d'un accroissement immédiat et considérable du degré.

On a renouvelé pour cela le calcul de la succession des récoltes dans cette hypothèse (n° 115), et les résultats de ce calcul sont résumés dans le tableau III (1).

(1) Ces calculs de la succession des récoltes sont assez longs ; mais il est possible de les abréger, en ayant recours à des interpolations dont on s'est fréquemment servi pour les diverses appréciations de ce travail.

Résultats, en supposant le niveau normal à la cote 12m40.

Tableau III.

50 — La comparaison des diverses colonnes de ce tableau à celles du tableau II fait ressortir clairement l'avantage qui résultera de l'abaissement du niveau normal. — Les conditions de l'équilibre de salure, le chiffre des récoltes limites et celui des bénéfices nets correspondants seront évidemment les mêmes dans les deux cas. Mais ces chiffres se rapportent à un avenir éloigné, et les résultats de l'avenir prochain, dont il y a également lieu de tenir grand compte, seront très-différents. — En abaissant le niveau normal jusqu'à la cote 12m40, on obtiendra, dès la première année, une récolte de 531,000qm, tandis qu'en le maintenant à la cote 11m70, on n'obtiendrait pas cette récolte avant la 15e année d'avivage.

Accroissement de valeur industrielle.

51 — Pour se rendre compte de l'accroissement de valeur industrielle résultant d'une réalisation plus prochaine des bénéfices élevés, il suffit de renouveler pour le tableau III le calcul déjà fait pour le tableau II, en rapportant par l'escompte à l'année 1862 les bénéfices nets réalisables dans l'avenir et portés dans la colonne *h* (1). La somme de ces bénéfices escomptés, formant le total de la colonne *k*, s'élève à 3,354,000 fr., et ce chiffre, comparé à celui de 2,464,000 fr., formant le total de la colonne correspondante du tableau II, fait ressortir tout l'avantage qu'on retirera d'une concentration immédiate des eaux de l'étang. L'accroissement de valeur industrielle qui résultera de l'avivage, évalué au no 48 à 1,008,000 fr. pour le cas où le niveau normal serait fixé à la cote 11m40, serait porté, au cas actuel, à 1,898,000 fr.

Abaissement des prises d'eau des salins.

La dépense nécessaire pour abaisser les prises d'eau ne saurait évidemment entrer en comparaison avec de tels avantages. La différence des bénéfices nets correspondants à la seule année 1863, et qui, comme le montrent les tableaux II et III, seront respectivement de 173,000 fr. ou de 297,000 fr., selon que le niveau de l'étang sera établi à la cote 11m70 ou à la cote 12m40, cette différence, dont chaque salin aura une

(1) L'ensemble des bénéfices nets réalisables à partir de 1903 s'évalue comme au no 47. — Au cas actuel, le bénéfice net annuel moyen de la période quinquennale 1898 à 1902 serait, à très-peu près, de 380,000 fr. Il diffère très-peu de celui de 385,000 fr., correspondant à l'équilibre de salure ; et l'on peut admettre, à partir de 1903, un bénéfice net moyen annuel de 382,500 fr., intermédiaire entre les deux précédents. A ce revenu annuel, indéfiniment assuré à partir de 1903, équivaut, au taux de 10 p. %, un capital de 3,825,000 fr. réalisable en 1902 ; et ce capital, escompté à 1862, se réduit à 84,000 fr. Tel est le chiffre porté au bas de la colonne k du tableau III, et complétant l'ensemble des bénéfices nets escomptés.

part proportionnée à son importance, sera plus que suffisante pour couvrir dès cette première année la dépense de chacun.

Il ne peut donc exister le moindre doute à ce sujet : les riverains, pour tirer de l'avivage le meilleur parti possible, devront profiter de la dérivation des eaux douces pour concentrer les eaux de l'étang dès la première année, et fixer le niveau normal à la cote 12m40 ou à une cote voisine de celle-là. La profondeur moyenne des eaux dans La Valduc sera alors de 1m30.

VI

Des soins à apporter à la dérivation des eaux douces.

52 — L'importance des améliorations à attendre de l'avivage dépendra surtout du volume des eaux de mer qu'il sera possible d'admettre chaque année dans l'étang, et ce volume dépendra à son tour de celui des eaux douces que l'on sera parvenu à détourner, et de l'efficacité des travaux à exécuter dans ce but.

On n'a pas ici pour objet de s'occuper de ces travaux eux-mêmes; mais il sera utile de reconnaître à quel point les riverains de La Valduc seront intéressés à les rendre aussi complets et aussi parfaits que possible, et dans quelle mesure se justifieront les dépenses faites et les précautions prises pour y arriver.

On a renouvelé à cet effet les calculs relatifs à la succession des récoltes, dans l'hypothèse où la hauteur moyenne de la tranche d'avivage se réduirait à $0^{m}50$, et dans celle où elle s'élèverait à $0^{m}90$. Les résultats de ces calculs sont résumés dans les tableaux IV et V. Ils ont été faits en supposant le niveau normal établi, pour chaque cas, à la cote $12^{m}40$.

Résultats à attendre d'une tranche d'avivage de $0^{m}50$. Tableau IV.

53 — Dans l'hypothèse d'une tranche d'avivage de $0^{m}50$, les poids de sels apportés chaque année à La Valduc seraient les suivants (n° 116) :

Sel marin........................	$457,000^{qm}$
Sels étrangers....................	135,000
Total............	$592,000^{qm}$

L'appréciation du n° 127 fait voir qu'en pareil cas la proportion d'impuretés correspondante à l'équilibre de salure serait $\frac{340}{1000}$, comme dans les cas déjà examinés, mais que le degré correspondant serait seulement 18°20, et que la récolte limite serait de 452,000qm.

La dépression de 0m50, résultant du détournement des eaux douces, ne suffirait pas pour faire descendre le niveau de l'étang jusqu'à la cote 12m40 dès l'année 1863 ; et ce niveau normal ne serait atteint qu'en 1864. Les eaux de l'étang marqueraient alors 21°80, et la récolte s'élèverait à 513,000qm. Mais l'extraction correspondante à cette récolte serait supérieure à l'apport de 457,000qm de sel marin fait par l'avivage. La forte concentration procurée d'abord par la dépression du niveau diminuerait en conséquence peu à peu, pour se rapprocher du degré de salure final, 18°20 ; et le chiffre des récoltes diminuerait lui-même graduellement en même temps, pour se rapprocher de celui (452,000qm) de la récolte limite.

La somme des bénéfices à venir escomptés à 1862 serait égale, dans ce cas, à 2,586,000 fr. (1). Elle serait donc inférieure de 768,000 fr. à celle de 3,354,000 fr., formant le total de la colonne *k* du tableau III, et correspondante à une tranche d'avivage de 0m70 de hauteur.

Résultats à attendre d'une tranche d'avivage de 0m90.
Tableau V.

54 — Dans l'hypothèse où la hauteur moyenne de la tranche d'avivage serait portée à 0m90, les poids de sels fournis chaque année à La Valduc seraient les suivants (n° 117) :

Sel marin	823,000qm
Sels étrangers	244,000
Total	1,067,000qm

Le calcul de la succession des récoltes fait dans cette hypothèse, fait voir que, sous l'influence d'un apport annuel aussi considérable, la salure de l'étang s'accroîtrait rapidement, et qu'en 1870, ou après 8 années d'avivage, les eaux marqueraient 25°. — Elles se concentreraient davantage encore si l'on continuait à introduire chaque année dans La Valduc toute la tranche d'avivage de 0m90 de hauteur, parce que la masse des sels apportés par cette tranche d'eau de mer serait encore supérieure au chiffre total des extractions (n° 117). Mais il serait désavantageux qu'il en fût ainsi, parce qu'au delà de 25°, le sel marin commencerait à se déposer au fond de l'étang, et que, les sels de magnésie restant, au contraire, en dissolution, les eaux à mettre en œuvre

(1) Le chiffre de 52,000 fr., représentant l'ensemble des bénéfices nets escomptés à partir de 1903, s'évalue comme au n° 47.

4

pour le salinage renfermeraient une proportion d'autant plus grande de ceux-ci. — Il y aurait donc lieu, à partir de la 8e année, et dès que la salure de 25° serait atteinte, de réduire l'avivage au volume seulement nécessaire pour restituer à l'étang les poids de sels extraits par la fabrication, et de réduire d'autant le volume des eaux douces dérivées.

Le calcul du n° 126 fait voir que l'équilibre de salure correspondrait, dans ce cas, au degré 25 et à la proportion d'impuretés $\frac{340}{1000}$; que la récolte limite serait de 693,000 quintaux métriques; et, qu'enfin, la hauteur de la tranche d'avivage nécessaire pour entretenir cet équilibre de salure serait de 0^m76. A cette hauteur, correspondrait un apport annuel de 699,000 quintaux métriques de sel marin (1).

La somme des bénéfices à venir, escomptés à 1862, ou la valeur industrielle conclue de ces bénéfices, est égale, pour le cas du tableau V, à 3,885,000 francs (2), et, pour le cas du tableau III, à 3,354,000 francs: — la différence de ces deux chiffres, 531,000 francs, est la mesure de l'avantage qu'il y aurait à porter à 0^m90, plutôt qu'à 0^m70, la hauteur moyenne de la tranche d'avivage.

Dérivations possibles des eaux douces.

55 — Les évaluations comparatives des résultats à attendre d'une hauteur d'avivage de 0^m50, de 0^m70, ou de 0^m90, permettent de se rendre très-clairement compte des effets d'un détournement plus ou moins complet des eaux pluviales des versants. Revenons d'abord, en quelques mots, sur ce qui semble possible à cet égard.

On a vu (nos 34 et 35) que, dans l'état actuel des choses, La Valduc est alimentée par une tranche d'eau douce de 1^m80, environ, de hauteur; que, sur cette tranche totale, la pluie directe fournit une hauteur de 0^m60; que, par conséquent, la tranche apportée par les sources et

(1) Les travaux de dérivation exécutés en vue de porter à 0^m90 la hauteur de la tranche d'avivage deviendraient en partie superflus du jour où, la concentration étant parvenue à 25 degrés, la hauteur de cette tranche d'avivage devrait être plus restreinte; mais cette hauteur de 0^m90 n'en aurait pas moins été utile pour hâter l'époque des grandes récoltes en hâtant la concentration des eaux. On verra d'ailleurs (n° 63) que la totalité du sel marin dissous dans cette tranche d'avivage de 0^m90 pourrait être utilisée au profit des récoltes, si l'on complétait l'avivage par une autre mesure très-utile, en même temps, et en tout état de cause, pour améliorer la qualité des sels récoltés.

(2) La somme de 96,000 fr., représentant l'ensemble des bénéfices nets à partir de 1903, se conclut d'une appréciation pareille à celle du n° 47.

les eaux pluviales des versants peut être à peu près évaluée a 1m20 de hauteur.

Il résulte, d'un autre côté, de ce qui a été dit au n° 37, qu'en isolant par un fossé de ceinture les parties du bassin de La Valduc situées au nord de l'étang, et d'où provient la majeure partie des eaux des versants, il restera environ 200 hectares de ce bassin et 300 hectares du bassin de Citis, dont l'étang continuera à recevoir les eaux, et que celles-ci constitueront une tranche de 0m40, au plus, de hauteur.

Il résulte enfin des mêmes chiffres que, si l'on pouvait détourner à la fois de La Valduc toutes les eaux qui lui arrivent des versants situés au delà du canal de dérivation à exécuter au nord, et celles que lui envoie le bassin de Citis, la hauteur de la tranche fournie par les versants non isolés se réduirait à 0m20 environ.

De sorte qu'en résumé, la hauteur de la tranche alimentaire actuelle se décompose à peu près comme il suit :

Première partie, non susceptible d'être détournée :		
La tranche provenant de la pluie directe....................	0m 60	0m80
La tranche provenant des parties du bassin de La Valduc situées en deçà du canal de dérivation au nord.....................	0m 20	
Deuxième partie, susceptible d'être dérivée :		
La tranche provenant des parties du bassin de La Valduc situées au delà du canal de dérivation au nord................	0m 80	1m00
La tranche provenant du bassin de Citis (1)...............	0m 20	
Total égal à la hauteur de la tranche alimentaire actuelle.		1m80

Relation entre la tranche d'avivage et la tranche d'eaux douces dérivée.

56 — La hauteur de la tranche d'avivage dépendra à la fois de celle de la tranche d'eaux douces qui sera dérivée et de celle de la tranche évaporée à la surface de La Valduc. Celle-ci dépendant, à son tour, de la concentration des eaux de l'étang, il en résulte que la hauteur d'avivage correspondante à une même tranche dérivée diminuera un peu à mesure que les eaux se concentreront dans l'étang, et qu'elle pourra être, selon les cas, un peu plus grande ou un peu moindre que celle des eaux douces dérivées.

(1) Le chiffre de 0m20 est peut-être un peu fort pour Citis; mais, si on voulait réduire à 0m15, par exemple, il faudrait augmenter d'autant celui de la tranche provenant du versant nord, et le porter de 0m80 à 0m85. Cela résulte implicitement de l'appréciation du n° 37.

On reconnaît, par les appréciations de la note M, et à l'aide des données produites au n° 33 sur l'évaporation à la surface des eaux salées, que, pour obtenir des hauteurs d'avivage de 0m50, 0m70 ou 0m90 de hauteur, il faudra dériver des tranches d'eaux douces de 0m40, 0m69 ou 0m94 de hauteur.

Il en résulte donc : 1° qu'à la dérivation d'une tranche d'eaux douces de 0m40 correspondront les résultats du tableau IV, résultats qui se résument, en définitive, et d'après les bénéfices à venir, par une valeur industrielle de 2,586,000 francs procurée aux établissements salins ; 2° qu'à la dérivation d'une tranche d'eaux douces de 0m69 correspondront les résultats du tableau III, et une valeur industrielle de 3,354,000 francs ; 3° qu'enfin, à la dérivation d'une tranche de 0m94 correspondront les résultats du tableau V et une valeur industrielle de 3,885,000 francs.

Il en résulte également, en comparant les chiffres ci-dessus à celui de 1,456,000 francs, formant le total de la colonne *k* du tableau I, et relatif à l'hypothèse où La Valduc ne serait pas avivée, que les accroissements de valeur industrielle procurés aux établissements salins par l'avivage seront : 1° pour une dérivation de 0m40, de 1,130,000 francs ; 2° pour une dérivation de 0m69, de 1,898,000 francs ; et, 3° pour une dérivation de 0m94, de 2,429,000 francs.

Si, enfin, on a égard aux chiffres des récoltes limites, on reconnaît : 1° qu'à une dérivation de 0m40 correspondra une récolte limite de 452,000 quintaux métriques ; 2° à une dérivation de 0m69, une récolte limite de 634,000 quintaux métriques ; et 3° à une dérivation de 0m94, une récolte limite de 693,000 quintaux métriques.

Résultats définitifs d'une dérivation plus ou moins complète des eaux douces.

57 — Les chiffres du tableau suivant, déduits par interpolation de ceux qui précèdent, présentent, en résumé, les résultats à attendre d'une dérivation plus ou moins complète des eaux pluviales des versants. On y a fait figurer également, dans les colonnes *d* et *e*, les degrés et la proportion d'impuretés correspondants à l'équilibre de salure, et, dans la colonne *c*, les poids de sel marin contenus dans chaque tranche d'avivage.

Résultats d'une dérivation plus ou moins complète des eaux douces des versants.

(Les chiffres de ce tableau supposent le niveau normal établi à la cote 12m 40, et l'évacuation au dehors de La Valduc des $\frac{52}{100}$ des eaux mères.)

HAUTEUR de la tranche d'eaux douces dérivée.	HAUTEUR moyenne de la tranche d'avivage.	POIDS de sel marin dissous dans la tranche d'avivage.	ÉQUILIBRE DE SALURE.			VALEUR industrielle des salins.	ACCROISSEMENT de valeur procurée par l'avivage.
			Degré.	Proportion des sels étrangers.	Récolte limite.		
a	*b*	*c*	*d*	*e*	*f*	*g*	*h*
mèt.	mèt.	q. m.			q. m.	fr.	fr.
0.40	0.50	457,000	18°20	0.340	452,000	2,586,000	1,130,000
0.50	0.56	512,000	19.90	0.340	506,000	2,870,000	1,410,000
0.60	0.63	576,000	21.60	0.340	570,000	3,150,000	1,670,000
0.70	0.71	649,000	23.55	0.340	643,000	3,380,000	1,920,000
0.80	0.79	722,000	25.00	0.340	693,000	3,620,000	2,160,000
0.90	0.88	804,000	25.00	0.340	693,000	3,840,000	2,360,000
1.00	0.97	886,000	25.00	0.340	693,000	4,040,000	2,580,000

La hauteur totale de la tranche d'eaux douces susceptible d'être dérivée ayant été évaluée (n° 55) à 1m, les chiffres de la première colonne de ce tableau expriment, en même temps, la fraction du volume de ces eaux dont ils supposent la dérivation possible. Ainsi, à une tranche de 0m 60, par exemple, correspond la dérivation des $\frac{6}{10}$ de ces eaux douces.

58 — Les chiffres des colonnes *g* et *h* montrent qu'à chaque petit accroissement de la tranche dérivée correspondra un accroissement notable des avantages promis par l'avivage, et que les riverains auront, par conséquent, tout intérêt à rendre aussi complets et aussi parfaits que possible les travaux à exécuter dans ce but. — Indépendamment des eaux douces des versants nord de La Valduc, on pourra probablement dériver sans beaucoup de dépense celles des versants de Citis, à l'aide d'un fossé de ceinture *EE* (*Voir* le plan) aboutissant à la cuvette du souterrain du Ranquet, pour les rejeter dans l'étang de Berre. — En supposant qu'on en détournât ainsi une tranche de 0m 15, les chiffres du précédent tableau font voir que les établissements de La Valduc en recueilleraient un accroissement de valeur industrielle d'environ 375,000f., ou un accroissement du revenu net moyen de 37,500 f.

59 — Les évaluations de ce tableau supposent que les $\frac{52}{100}$ des eaux mères seront rejetés au dehors de La Valduc, comme ils doivent l'être dans l'état actuel des choses. — Elles montrent qu'à des tranches dérivées de 0^m80, 0^m90 et 1^m, correspondrait toujours une récolte limite de 693,000 quint. m., bien que les poids de sel marin renfermés dans les tranches d'avivage correspondantes s'accroissent dans les mêmes proportions que les volumes de celles-ci. L'explication en est dans ce qui a été dit au n° 54.—Avec l'avivage procuré par une tranche d'eau de mer de 0^m 90 de hauteur, la concentration dans La Valduc atteindrait 25° après quelques années, et dès cette époque, il y aurait lieu de réduire l'avivage à une tranche de 0^m 76, renfermant 699,000 quint. m. de sel marin. Or, il en serait de même dans tous les cas où la hauteur possible de l'avivage dépasserait 0^m 76. On verra tout à l'heure (n° 63) comment on pourrait utiliser en pareil cas la totalité des ressources mises à la disposition des établissements salins. — Ajoutons au reste que cette hypothèse d'une tranche d'avivage de 0^m 80 à 1^m, qu'il était utile d'examiner pour compléter l'étude de la question, suppose une dérivation des eaux douces plus parfaite que l'on ne parviendra sans doute à la réaliser.

VII

Des effets d'une évacuation plus ou moins complète des eaux mères au dehors de La Valduc.

De l'évacuation des eaux mères de Citis.

60 — Les salins de Citis et de Rassuen sont tenus, par leurs actes de concession, d'évacuer leurs eaux mères au dehors de La Valduc ; et les précédentes évaluations ont été faites dans la supposition qu'il en serait toujours ainsi, et que l'étang recevrait seulement les $\frac{48}{100}$ des résidus de la fabrication. Cette évacuation se fait sans frais pour le salin de Rassuen, situé au-dessus du niveau de la mer, et mis en communication avec elle par son canal de vidange. Mais le salin de Citis, situé beaucoup plus bas, est forcé d'élever ses eaux mères à l'aide d'une machine à vapeur, pour les rejeter dans la cuvette du souterrain du Ranquet. Souvent, il s'est épargné une partie de ce travail en les rejetant dans son canal d'amenée des eaux de La Valduc, situé 8 mètres plus bas que le souterrain, et d'où elles retournent à l'étang. Cette infraction paraît même avoir été assez habituelle à une époque antérieure; et, si l'on observe que Citis forme à lui seul les $\frac{30}{100}$ de la superficie totale des salins de La Valduc, on doit en conclure que la masse d'eaux mères ainsi rejetée a dû contribuer pour une part assez sensible à l'altération actuelle des eaux de l'étang. Sans revenir sur le passé, il sera utile de démontrer pour l'avenir que cette infraction aurait, en se perpétuant, des conséquences beaucoup plus fâcheuses qu'on ne le croît peut être, et de détruire l'erreur qu'auraient pu accréditer, à ce sujet, dans quelques esprits, certains passages d'un Mémoire déjà mentionné, et où cette évacuation dans l'étang est même conseillée. (*Voir* la note de la page 13.)

D'abord, et pour le cas où La Valduc ne serait pas avivée, il est évident qu'on hâterait ainsi beaucoup l'époque où les eaux de cet étang seraient trop impures pour être encore utilement exploitées. — Mais supposons le cas de l'avivage, puisque cette mesure, en tout état de cause, est devenue d'un intérêt vital, et ne saurait manquer de recevoir son exécution. — Une appréciation consignée au n° 130 démontre que, si la totalité des eaux mères de Citis était renvoyée à l'étang, la surabondance des impuretés dans les eaux de celui-ci, loin de se réduire peu à peu, continuerait, au contraire, à s'accroître malgré l'avivage, et que l'altération s'arrêterait seulement lorsque les sels étrangers formeraient les $\frac{510}{1000}$ de la totalité des sels dissous.

Ce dernier chiffre suffit déjà pour montrer à quel point seraient graves les conséquences de l'évacuation des eaux mères de Citis dans La Valduc.—La qualité des récoltes s'en ressentirait de plus en plus, jusqu'à finir par n'être plus acceptable. — Quant à la quantité, en supposant une tranche d'avivage de 0^{m} 70 de hauteur, on reconnaît par un calcul semblable à ceux de la note H; qu'après une douzaine d'années, la salure de l'étang s'élèverait à 25 degrés; que, dès cette époque, il faudrait réduire progressivement le volume de l'avivage; que le chiffre des récoltes se réduirait lui-même dès lors peu à peu; et que, finalement, la récolte correspondante à l'équilibre de salure, au lieu de s'élever, comme dans l'hypothèse d'une évacuation régulière des eaux mères de Citis et de Rassuen, à 634,000 quint. m., se réduirait à 446,000 quint. m. (n° 130).

Il est donc indispensable que l'établissement de Citis se conforme rigoureusement, désormais, à l'obligation qui lui est imposée de rejeter ses eaux mères dans l'étang de Berre.

A ne considérer même que son propre intérêt, il devrait s'empresser encore de le faire, car l'économie de combustible à réaliser en faisant cette évacuation au dedans plutôt qu'au dehors de La Valduc n'égale pas, à beaucoup près, la perte de récolte résultant, pour lui seul, de l'altération des eaux. C'est ce que démontre clairement le calcul des n°s 147 à 149.

Cette charge, qui ne pèse pas sur les autres salins, est d'ailleurs compensée pour Citis par un avantage attaché à sa situation même. — Tandis que le salin de Rassuen et celui du Mazet ont à élever de 30 mètres, et plus, les eaux nécessaires à leur fabrication, et que ceux situés sur les rives de l'étang ont à les élever de 15 à 18 mètres, cette hauteur se réduit, pour Citis, à 3 ou 4 mètres ; et il y a là une économie bien supérieure au surcroît de frais nécessité par l'évacuation des eaux mères.

De l'évacuation des eaux mères du Plan d'Aren, des salins du Nord, et du Mazet.

61 — Cette évacuation, en la supposant régulièrement faite à l'avenir, sera d'ailleurs loin de suffire pour ramener dans les eaux de La Valduc la pureté des eaux de mer. Les quatre salins d'Arcussia, de la compagnie Daguin, du Plan d'Aren, et du Mazet sont affranchis de l'obligation imposée à ceux de Citis et de Rassuen ; et, aussi longtemps que l'étang continuera à être le réceptacle de leurs eaux mères, elles y entretiendront une surabondance très-sensible de sels étrangers. — On reconnaît, en effet, par l'appréciation fort simple des conditions de l'équilibre de salure (note I) que la proportion de ceux-ci, quelle que soit l'abondance de l'avivage, ne saurait descendre, avec un tel état de choses, au-dessous de $\frac{340}{1000}$, tandis que dans l'eau de mer, les sels étrangers ne forment que les $\frac{230}{1000}$ de la totalité des sels dissous.

La qualité des récoltes continuerait certainement à se ressentir de cette trop grande proportion d'impuretés ; et il y avait lieu de se demander si, lorsque l'avivage aura sensiblement accru le chiffre de ces récoltes, il ne serait pas de l'intérêt bien entendu des riverains de se préoccuper aussi de la qualité, et de pourvoir, dans ce but, à l'évacuation totale des eaux mères.

Cette mesure serait peu coûteuse, et d'abord, les travaux à exécuter pour cela seraient très-minimes. Ainsi, les eaux mères du salin du Mazet pourraient être évacuées directement, et sans frais d'élévation aucuns, dans le canal de dérivation dirigé vers les marais de Fos (*Voir le plan*). — Celles du Plan d'Aren pourraient l'être par le canal de vidange de Rassuen, qui passe tout près de la pompe à feu de cet établissement. Il suffirait de les conduire à portée de celle-ci par un petit fossé, et de la mettre elle-même en communication, par une auge en bois, avec le canal de vidange. — Enfin, les eaux mères des deux salins du nord pourraient être dirigées vers la pompe à feu de Rassuen, et rejetées dans le fossé de ceinture *BB*, prolongé jusque-là, ou dans un petit embranchement pratiqué à cet effet jusqu'au canal de vidange de Rassuen.

Ces dépenses d'intérêt général devraient être, naturellement, supportées en commun par tous les riverains, et au prorata de la production ou de la superficie utile de chacun. Ils auraient à s'entendre aussi avec les établissements de Rassuen et du Plan d'Aren, pour traiter des frais d'élévation des eaux mères.

Frais de combustible nécessaire.

62 — Ces frais seraient peu élevés. Une appréciation consignée au nº 150 démontre qu'ils n'accroîtraient que d'un centime et demi le prix de revient du sel ; et ce surcroît de frais doit être regardé comme bien minime en comparaison de l'avantage de substituer à des sels de qualité secondaire des sels de qualité supérieure. Il serait plus que couvert, sans aucun doute, par la plus-value de ceux-ci. — Ainsi, en admettant seulement une plus-value de 5 centimes par quintal métrique, on reconnaît qu'à une dépense annuelle de 8,000 francs pour l'évacuation totale des eaux mères correspondrait un surcroît de 26,000 francs environ dans les bénéfices nets (nº 150).

En résumé, donc, cette mesure, indispensable pour purifier complétement les eaux de l'étang, semble mériter d'autant plus l'attention des riverains qu'en accroissant, par l'avivage, le chiffre de leur production, ils ont intérêt à ne rien négliger pour rendre, en même temps, aux sels de La Valduc, leur ancienne réputation.

Cas d'un avivage très-abondant.

63 — Il est un cas où l'évacuation totale des eaux mères, loin d'être l'occasion d'un léger surcroît dans le prix de revient, serait au contraire une économie sous ce rapport, parce qu'il en résulterait un accroissement sensible dans le chiffre même des récoltes : c'est celui où la hauteur de la tranche d'avivage pourrait être portée de 0^m80 à 1^m. — Bien qu'il ne doive probablement pas se réaliser, parce qu'il suppose, dans la dérivation des eaux douces, une perfection qui ne se réalisera elle-même probablement pas, ainsi qu'on l'a déjà dit, il convient d'en dire ici quelques mots pour compléter cette étude.

Dans cette hypothèse, l'évacuation totale des eaux mères serait le seul moyen d'utiliser la totalité des ressources mises à la disposition des salins. Ainsi, en supposant une hauteur d'avivage de 0^m90, et dans l'hypothèse où les $\frac{52}{100}$ seulement des eaux mères sont évacuées, on a vu (nº 54) qu'après une huitaine d'années, et lorsque la concentration dans La Valduc aurait atteint 25 degrés, il faudrait restreindre à 0^m76, environ, la hauteur de la tranche d'eaux de mer admise pour empêcher la concentration de s'élever davantage. Au lieu de profiter en faveur de l'industrie saline des 823,000 quintaux métriques de sel marin renfermés dans la tranche de $0^{m}90$, on n'utiliserait donc plus alors que les 699,000 quintaux métriques renfermés dans celle de $0^{m}76$, et la récolte limite serait de 693,000 quintaux métriques. — Mais il en serait tout autrement si toutes les eaux mères étaient évacuées, parce que les modifications apportées par l'avivage dans l'état de La Valduc ne seraient plus les mêmes. Cette évacuation au dehors de l'étang d'une masse d'eaux très-concentrées et très-impures que, dans l'autre hypothèse, il recevait chaque année, cette évacuation aurait pour double résultat de retarder les progrès de la concentration, et de hâter, au contraire, ceux de l'amélioration apportée à la composition des eaux. Le calcul précis de la succession des récoltes fait voir que le chiffre de celles-ci serait à peu près le même dans les deux cas pendant les premières années, mais que, dans l'hypothèse d'une évacuation complète, il serait possible de profiter indéfiniment de la totalité de l'avivage, soit parce que la salure resterait toujours au-dessous de 25 degrés, soit parce qu'à une pureté plus grande des eaux répondraient des récoltes et des extractions plus fortes. — Les résultats du calcul relatif à cette dernière hypothèse sont résumés dans le tableau VI, dont les chiffres, comparés à ceux du tableau V, achèveront de fixer les idées à ce sujet (1).

L'appréciation du n° 129 montre que, dans ce cas, l'équilibre de salure correspondrait au degré 24° 20 et à la proportion d'impuretés $\frac{230}{1000}$, et que la récolte limite s'élèverait alors à 810,000 quintaux métriques.

64 — Il en résulte que les chiffres du tableau du n° 57, établi dans l'hypothèse d'une évacuation incomplète des eaux mères, se modifieraient en partie dans l'hypothèse d'une évacuation complète. — Pour des tranches d'eaux douces dérivées de $0^{m}80$, $0^{m}90$ et 1 mètre, les récoltes limites, au lieu de s'élever seulement à 693,000 quintaux métriques, s'élèveraient à des chiffres peu différents de ceux des poids de sel marin renfermés dans les tranches d'avivage et inscrits dans la colonne *c* de ce tableau. Ainsi, et comme on vient de le dire (n° 63), à un apport de 823,000 quintaux métriques de sel marin, répondrait une récolte de limite de 810,000 quintaux métriques. Modifications au tableau du n° 57.

(1) Le chiffre de 116,000 fr., représentant l'ensemble des bénéfices nets à partir de 1903, se conclut d'une appréciation pareille à celle du n° 47.

Quant aux chiffres des récoltes correspondantes à des tranches d'avivage de $0^{m}70$ et au-dessous, l'appréciation du n° 128 fait voir qu'ils resteraient les mêmes, à très-peu près, que dans la supposition où les $\frac{52}{100}$ seulement des eaux mères seraient évacués.

VIII

Résumé et conclusion.

65 — Quelques mots pour résumer, en terminant, les diverses appréciations de ce travail.

Elles ont fait reconnaître, en premier lieu, que les richesses salines primitivement accumulées dans La Valduc ont été en majeure partie épuisées par les fabrications antérieures; que les résidus rejetés dans l'étang y ont apporté, à la longue, une surabondance d'impuretés devenue très-fâcheuse; que ces résultats s'aggravent chaque année, et que si les choses étaient abandonnées à leur cours naturel, la situation des établissements salins ne tarderait pas à devenir très-critique; qu'enfin, il est urgent de prendre les mesures nécessaires pour sauver ces établissements de la ruine.

On a reconnu, d'un autre côté, qu'il est possible, grâce à la disposition topographique des lieux, de remédier à cet état de choses de la manière la plus efficace et la plus complète, en détournant de La Valduc les eaux pluviales qui lui arrivent des versants circonvoisins, et en utilisant, pour la concentration des eaux de mer, la puissance évaporatoire aujourd'hui consacrée à l'évaporation de ces eaux douces.

66 — L'étendue des ressources qu'il sera possible de se créer ainsi dépendra de l'efficacité des travaux de dérivation et du volume des eaux douces que l'on pourra détourner de l'étang.

Il n'est guère possible d'évaluer par avance avec précision quelle sera l'importance de ce volume détourné, parce qu'une partie des eaux recueillies par les fossés de ceinture pourra, lors des grandes pluies, s'échapper par-dessus les déversoirs ou s'infiltrer par-dessous les barrages. Par les mêmes motifs, un détournement complet n'est pas à espérer; mais heureusement, cette efficacité parfaite des travaux de dérivation n'est pas nécessaire pour assurer l'avenir des établissements salins. Les riverains parviendront probablement, avec un peu de soins, à obtenir une dérivation suffisante pour introduire chaque année dans La Valduc une tranche d'eau de mer de 0^{m}60 à 0^{m}70 de hauteur; et cette ressource, plus que suffisante pour conjurer la menace qui pèse sur les salins, deviendra même pour eux l'origine d'une prospérité à laquelle ils n'ont jamais atteint dans le passé.

67 — Si l'appréciation des volumes d'eau douce qu'il sera possible de détourner de l'étang présente de l'incertitude, il est possible, au contraire, de se rendre nettement compte des résultats à espérer, selon que cette dérivation sera plus ou moins complète, et aura mis à la disposition des salins des ressources plus ou moins abondantes. Cette dernière appréciation repose, en effet, sur des données précises et bien définies par la pratique du salinage ou par les analyses chimiques.

L'exactitude des évaluations relatives à la succession des récoltes est susceptible, au reste, d'être vérifiée, et l'on reconnaît qu'elles concordent parfaitement avec les données pratiques fournies par une vieille expérience, et admises sur les salins de la Méditerranée. (*Voir* cette vérification au n° 151.)

Les bénéfices nets dépendront du chiffre de la production et du prix de vente des sels, et sous ce rapport, la qualité aura sa valeur. Mais il n'était possible d'en tenir compte qu'en faisant, à ce sujet, des hypothèses un peu arbitraires. On a mieux aimé supposer un même prix de vente pour tous les cas, et se borner ainsi à l'évaluation relative aux quantités. — Comme l'avivage, en même temps qu'il accroîtra la production, améliorera la qualité des récoltes en purifiant les eaux de La Valduc, il y aura là un avantage dont il n'est pas tenu compte dans les appréciations financières des tableaux II à VI, avantage qui s'ajoutera à ceux résultant des accroissements de la production, et que chacun pourra évaluer d'après sa propre expérience du commerce des sels.

En définitive, donc, et sous cette réserve qu'elles s'appliquent seulement aux quantités, les appréciations de ces tableaux donnent une idée nette et précise des résultats à attendre de l'avivage, selon l'importance de l'apport de sel marin, la situation du niveau normal et le plus ou moins de soin avec lequel les eaux mères seront évacuées.

On a pu remarquer, d'ailleurs, qu'il s'agit beaucoup moins, dans ce travail, d'évaluations absolues que d'évaluations comparatives. Ainsi, les résultats généraux de l'avivage se mesurent par la comparaison du tableau I aux tableaux suivants; la comparaison des tableaux II et III fait ressortir l'intérêt des riverains à abaisser le niveau normal; celle des tableaux III, IV et V établit l'intérêt qu'ils auront à rendre aussi complets et aussi parfaits que possible les travaux de dérivation des eaux douces; enfin les tableaux V et VI montrent comparativement les progrès de l'amélioration qui sera apportée par l'avivage à la composition des eaux de La Valduc, selon que les eaux mères des salins seront ou ne seront pas complétement évacuées, et l'avantage qui résulterait, en même temps, d'une évacuation complète, sous le rapport des chiffres de la production, dans le cas d'un avivage très-abondant.

68 — De ces appréciations diverses il y a lieu de tirer les conclusions suivantes :

Les riverains auront intérêt à ne rien négliger pour rendre les travaux de dérivation des eaux douces aussi complets et aussi parfaits que possible, car c'est là que sera le point de départ de toutes les améliorations. Toute dépense destinée à y concourir efficacement sera bien entendue. Il y aura donc avantage à déterminer largement les dimensions des barrages et des canaux, dût la dépense en être un peu accrue, et l'on aura également intérêt à entreprendre à la fois ces travaux dans le bassin de Citis et dans celui de La Valduc.

Quel que soit le succès obtenu sous ce rapport, le premier parti à tirer de cette dérivation sera de la mettre à profit pour laisser le niveau de La Valduc se déprimer, et pour obtenir immédiatement une grande concentration dans l'étang. Dans cet intérêt, on devra fixer aussi bas que possible la cote du niveau normal à conserver ensuite indéfiniment. On se mettra ainsi, de prime abord, en possession des récoltes et des bénéfices désormais assurés par l'avivage; tandis qu'en conservant un niveau élevé on ne les réaliserait que peu à peu, et tout ajournement serait une perte sèche sans compensation aucune. — La cote 12^{m} 40 à 12^{m} 50 au-dessous du niveau de la mer paraît devoir être la plus convenable.—Cet abaissement du niveau nécessitera un abaissement correspondant des seuils de la plupart des prises d'eau des salins; mais cette dépense sera immédiatement couverte par l'excédant des bénéfices.

En même temps que les établissements de La Valduc pourvoiront à l'accroissement de leur production, ils devront s'occuper de rendre aux sels de La Valduc leur ancienne qualité et leur ancienne réputation;

et il faudra, pour cela, rendre aux eaux de cet étang leur pureté primitive. On n'y parviendra qu'en évacuant la totalité des eaux mères, et cette mesure semble devoir être la conséquence presque nécessaire de l'avivage.

69 — L'époque de l'année à laquelle les eaux d'avivage seront admises dans La Valduc ne semble pas devoir être indifférente. — Il résulte des observations aréométriques faites, et plusieurs fois répétées par M. Usiglio, que le degré des eaux de mer s'élève assez sensiblement sur les côtes pendant les mois d'été, et que, dans cette saison, tandis que les eaux prises au large, à quelques kilomètres, marquent 3° 50, celles prises près de la plage marquent souvent 4 degrés, et même davantage. On obtiendrait donc, en choisissant cette époque de l'année, un surcroît de richesse saline dont il n'a pas été tenu compte dans les précédentes appréciations. — Au reste, et si, comme il semble assez naturel, les admissions d'eau de mer se font à mesure que la dépression se produira, et que le niveau s'abaissera au-dessous d'un repère déterminé d'avance, c'est bien en été qu'elles auront effectivement lieu en majeure partie ; car, du mois de juin au mois de septembre, la dépression de La Valduc est assez généralement de 50 centimètres au moins.

70 — On jugera sans doute convenable de confier ces détails d'exécution à un éclusier, dont les instructions seraient arrêtées d'avance par l'ensemble des riverains ; et il semblerait bon qu'il fût chargé en même temps de surveiller, comme garde assermenté, les canaux de dérivation, le canal d'amenée des eaux de mer, et les autres objets sur lesquels une surveillance serait utile à exercer dans l'intérêt général. — Déjà, à une autre époque, les riverains avaient reconnu l'utilité d'un garde de La Valduc, et elle deviendra certainement plus grande encore lorsque l'avivage fonctionnera.

71 — Lorsque les riverains se réuniront pour examiner les projets d'avivage, ils auront à examiner deux autres questions d'intérêt général. — Lors du déversement des eaux d'Engrenier dans La Valduc, en 1858, l'administration a fait établir, dans la digue d'Engrenier, une martelière, en prévision, sans doute, du cas où cette opération serait une autre fois nécessaire. Or un tel déversement est si préjudiciable aux établissements salins, qu'ils ne sauraient, à l'avenir, le tolérer sans avoir obtenu

obtenu, au préalable, une juste indemnité. — La martelière en question semble d'autant moins nécessaire, qu'une machine à vapeur a été établie par l'administration au sud d'Engrenier, pour rejeter à la mer une partie des eaux de cet étang et en abaisser le niveau, quand il risque d'être gonflé par les eaux du Poura. En 1858, cette machine n'a pas fonctionné, et si la martelière n'a d'autre but que d'épargner à nouveau, dans l'occasion, la dépense de sa mise en marche, elle n'a pas de raison d'être, et les riverains de La Valduc semblent avoir incontestablement le droit de la supprimer et intérêt à le faire.

L'autre question d'intérêt général à examiner est celle des travaux nécessaires pour mettre La Valduc à l'abri des inondations par les eaux du Rhône. On sait que ces eaux, arrivant par le canal d'Arles à Bouc, ont menacé, en 1856, de faire irruption dans l'étang, et une telle irruption serait un désastre complet. Les travaux de protection indispensables, et qui ne seront, d'ailleurs, que très-peu coûteux, doivent être considérés comme un complément obligé du projet d'avivage et des mesures qui vont accroître considérablement la valeur industrielle à protéger.

Note A

Tableaux des pesanteurs spécifiques des eaux salées et des poids de sels dissous dans ces eaux.

72 — On sait que le poids spécifique de l'eau salée est supérieur à celui de l'eau douce, et qu'il s'accroît avec le degré de concentration. On sait aussi que l'aréomètre de Baumé, ou pèse-sel, est construit de telle sorte que le degré accusé par cet instrument, quand on le plonge dans l'eau salée, indique approximativement, en centièmes, la proportion des sels dissous dans cette eau. Ainsi, le degré 15, par exemple, indique qu'un kilogramme d'eau salée renferme en dissolution 0 kil. 15 de sel. — Le tableau suivant donne, exprimée en quintaux métriques, la série des poids d'un mètre cube d'eau salée pour les divers degrés de salure compris entre 1 et 30 degrés.

Tableau *A*. Pesanteurs spécifiques des eaux salées.

Tableau A.

Des pesanteurs spécifiques des eaux salées.

DEGRÉS.	POIDS du mètre cube d'eau salée.	DEGRÉS.	POIDS du mètre cube d'eau salée.	DEGRÉS.	POIDS du mètre cube d'eau salée.
	q. m.		q. m.		q. m.
1	10.069	11	10.827	21	11.707
2	10.141	12	10.909	22	11.803
3	10.213	13	10.992	23	11.901
4	10.286	14	11.077	24	12.000
5	10.360	15	11.163	25	12.100
6	10.435	16	11.250	26	12.203
7	10.511	17	11.339	27	12.308
8	10.588	18	11.429	28	12.414
9	10.666	19	11.520	29	12.522
10	10.746	20	11.613	30	12.632

73 — Ce tableau ne se prête pas commodément aux calculs que l'on a souvent à faire sur les eaux salées. Ainsi, une question qui se représente très-souvent, c'est la recherche du degré de salure correspondant à un volume d'eau connu, tenant en dissolution un poids de sels également connu. Le précédent tableau ne permet de la résoudre qu'à l'aide d'un tâtonnement assez long.

Il est possible, au contraire, de la résoudre directement à l'aide du tableau suivant, qui indique, exprimés toujours en quintaux métriques, les poids de sels renfermés en dissolution dans un mètre cube d'eau salée. Il n'est, en réalité, qu'une transformation du précédent, et il s'en déduit tout directement, en multipliant l'un par l'autre les chiffres correspondants de celui-ci. Ainsi, le mètre cube d'eau à 15°, par exemple, pesant 11qm 163, il est clair qu'il renferme en dissolution un poids de sels égal à 0.15 × 11qm 163 = 1qm 674.

Tableau *B*.

Poids de sels en dissolution dans un mètre cube d'eau salée.

Tableau B.

Des poids de sels en dissolution dans un mètre cube d'eau salée.

DEGRÉS.	POIDS de sel dissous dans un mètre cube d'eau.	DEGRÉS.	POIDS de sel dissous dans un mètre cube d'eau.	DEGRÉS.	POIDS de sel dissous dans un mètre cube d'eau.
	q. m.		q. m.		q. m.
1	0.101	11	1.191	21	2.458
2	0.203	12	1.309	22	2.596
3	0.306	13	1.429	23	2.737
4	0.411	14	1.551	24	2.880
5	0.508	15	1.674	25	3.025
6	0.626	16	1.800	26	3.173
7	0.736	17	1.928	27	3.323
8	0.847	18	2.057	28	3.476
9	0.960	19	2.189	29	3.631
10	1.075	20	2.323	30	3.796

Si, par exemple, on sait qu'un volume d'eau de 6 980 000 mètres cubes renferme 12 912 000 quintaux métriques de sels en dissolution, on en conclut d'abord que le mètre cube de cette eau renferme un poids de sels égal à $\frac{12\ 912\ 000}{6\ 980\ 000}$ = 1qm 849. Ce dernier chiffre, comparé à ceux du tableau, montre que la salure est comprise entre 16° et 17°; et l'on reconnaît, par une simple proportion, que le degré exact est 16°. 38.

NOTE B

Degré et composition des eaux de mer. — Observations aréométriques à La Valduc.

74 — L'eau de la Méditerranée marque habituellement 3° 50 de l'aréomètre ; mais ce degré n'est constant que pour les eaux prises à quelques kilomètres de la côte. M. Usiglio, qui a fait à ce sujet des expériences réitérées, a constaté qu'en été, l'eau du large marquant 3° 50, l'eau prise à la côte marque souvent 4°, et quelquefois davantage. Dans les appréciations de ce travail, et notamment dans celle des ressources qu'offrira l'avivage de La Valduc par les eaux de mer, on suppose que les eaux admises dans l'étang marqueront toujours 3° 50. On ne tient donc pas compte des accroissements possibles du degré, qui entreront en augmentation des ressources évaluées. Degré de l'eau de mer.

Une analyse de M. Regnault (Cours de chimie, 2e vol.) montre que les 3 kil. 50 de sels dissous dans l'eau de mer se composent de 2 kil. 70 de sel marin et de 0 kil. 80 de sels étrangers (sulfates de chaux et de magnésie, chlorures de magnésium et de potassium, etc.). Sa composition.

Ces derniers forment donc, dans l'eau de mer, les $\frac{0.80}{3.50} = \frac{230}{1000}$ de la totalité des sels dissous, c'est-à-dire que 100 kil. de sels dissous dans l'eau de mer se composent de :

Sel marin............	77 kil.	100 kil.
Sels étrangers........	23	

Ces mêmes chiffres montrent que la proportion des sels étrangers au sel marin est $\frac{0.80}{2.70} = 0.296$.

75 — Le mètre cube d'eau de mer à 3° 50 pèse 10qm 250. Il renferme donc en dissolution les poids des sels suivants : Poids de sels par mètre cube.

$$\text{Sel marin.......} \frac{2.70}{100} \times 10^{qm}250 = 0^{qm}277$$

$$\text{Sels étrangers...} \frac{0.80}{100} \times 10^{qm}250 = 0^{qm}082$$

TOTAL................ 0qm359

76 — Les observations sur le degré aréométrique des eaux de La Valduc présentent souvent des anomalies : quelquefois, deux observations faites à Observations sur le degré à La Valduc.

quelques jours seulement d'intervalle, diffèrent assez sensiblement l'une de l'autre, bien que, dans cet intervalle, le volume et la richesse saline de l'étang n'aient pas varié. Cela tient probablement d'abord aux variations de température des eaux. — En rapprochant les chiffres du tableau *A* (nº 72) de ceux d'un tableau des variations de la pesanteur spécifique de l'eau avec le degré de température, on reconnaît que cette dernière cause peut influer assez sensiblement sur l'observation aréométrique, selon qu'elle est faite sur des eaux prises le matin ou en plein soleil à la surface de l'étang.

Peut-être, l'état hygrométrique de l'atmosphère a-t-il aussi son influence. Ce qui le ferait penser, c'est que, sur une série d'observations faites depuis quelques années au salin de la Compagnie Daguin, le degré le plus faible correspond toujours au vent humide du sud.

Ces anomalies disparaîtraient, sans doute, si les observations étaient faites sur des eaux prises à une certaine profondeur, à l'aide d'une bouteille métallique disposée à cet effet.

Pour base de l'appréciation du nº 12, on a choisi, parmi les observations les plus récentes, celle du 2 septembre 1860, qui, à égalité de volume des eaux, indique le degré de salure le plus élevé. Le résultat de cette appréciation est donc plutôt fort que faible : et il est aisé de reconnaître que c'est dans ce sens qu'il fallait choisir en cas d'incertitude. Si ce résultat est un peu fort, il en est de même, en effet, des évaluations relatives au tableau I; et c'est l'inverse pour celles des avantages promis par l'avivage, but définitif de ce travail. — Ces différences ne sauraient être, au reste, que fort minimes.

NOTE C

Poids de sel marin délaissé par la mer dans La Valduc. Appauvrissement résultant des fabrications antérieures.

77 — On a fait ressortir la probabilité d'une ancienne occupation du bassin de La Valduc par les eaux de la mer. Il est facile d'évaluer, assez approximativement le poids de sel marin que, dans cette hypothèse, elle aurait laissé dans ce bassin lorsqu'elle en fut séparée par les dépôts constituant la plage actuelle. — On reconnaît, à l'inspection d'une carte un peu détaillée, que la nappe d'eau circonscrite par les coteaux qui bordent l'étang aurait occupé une superficie de 650 hectares environ. — Or on sait que le volume d'eau inférieur à la cote 10^m 33 est de 11 500 000 mètres cubes (nº 11); et quant

au volume compris entre cette cote 10m 33 et le niveau de la mer, on en aura le volume suffisamment approché pour l'évaluation que l'on a ici en vue, en l'assimilant à un tronc de cône renversé, ayant pour hauteur 10m 33, pour base supérieure les 650 hectares ci-dessus, et pour base inférieure les 340 hectares de superficie correspondante à la cote 10m 33.—Ce volume est égal à $\frac{1}{3} \times 10.33 \left\{ 340 + 650 + \sqrt{340 \times 650} \right\} 100 = 50\,300\,000^{mc}$.

Le volume total des eaux contenues dans le bassin de La Valduc lors de l'occupation de la mer aurait donc été $11\,500\,000^{mc} + 50\,300\,000^{mc} =$ 61 800 000 mètres cubes.

Un mètre cube d'eau de mer à 3° 50, renfermant en dissolution 0qm 277 de sel marin (n° 75), il en résulte que la mer aurait laissé dans ce bassin un poids de sel marin égal à $0^{qm}\,277 \times 61\,800\,000 = 17\,118\,000^{qm}$.

78 — Si la notice du président Cappeau mentionnait à la fois le niveau et le degré de salure de l'étang vers l'époque de la création des établissements salins actuels, on pourrait en conclure presque rigoureusement le chiffre de son approvisionnement à cette époque, et, par comparaison avec celui constaté au n° 14 pour l'époque actuelle, le chiffre de l'appauvrissement résultant des extractions faites jusqu'à présent. Mais les cotes du niveau y sont seules consignées, sans indication des degrés correspondants. — Il est possible, toutefois, de combler approximativement cette lacune. On sait que, depuis la création des salins, la saunaison s'est faite le plus habituellement avec des eaux à 16 ou 18 degrés; que, parfois, la salure a été un peu moindre après les grands déversements d'eaux étrangères; mais que, parfois aussi, et après les dépressions du niveau, elle s'est élevée jusqu'à 20 et même 21 degrés. — Or, de toutes les cotes du niveau consignées dans la notice, la plus basse, de 1805 à 1820, est celle de 9m 15, correspondante à l'année 1820. On est donc certain d'arriver à une évaluation modérée en admettant pour degré de salure correspondant le degré 17° ; et le tableau *B* (n° 73) montre que, pour ce degré, le poids de sels dissous par mètre cube d'eau est 1qm 928.

D'un autre côté, il résulte des données du n° 11 qu'à la cote de niveau 9m 15, correspondait un volume d'eau de 15 571 000 mètres cubes.

Le poids total des sels dissous dans l'étang était donc alors :

$$1^{qm}\,928 \times 15\,571\,000 = 30\,000\,000^{qm}.$$

Pour tenir compte des anciennes fabrications, on peut admettre que le sel marin, au lieu de former, comme dans l'eau de mer, les $\frac{770}{1000}$ de la totalité des sels dissous, ne formait alors que les $\frac{700}{1000}$ de cette totalité.—Dans cette supposition, l'étang renfermait, en 1820, un poids de sel marin égal à :

$$0.700 \times 30\,000\,000^{qm} = 21\,000\,000^{qm}.$$

En évaluant à 200,000qm le chiffre moyen de l'extraction annuelle, de 1805 à 1820 (la production, à cette époque, était beaucoup moins développée qu'aujourd'hui), l'approvisionnement de sel marin, au commencement de ce siècle, aurait été d'environ 24 000 000 quintaux métriques.

79 — A cette masse primitive, se sont ajoutées, depuis 1805, celles apportées par les déversements plusieurs fois répétés d'une partie des eaux d'Engrenier dans La Valduc. — Mais ces apports n'ont pas été bien considérables, parce que les accumulations n'ont jamais été possibles dans Engrenier comme dans La Valduc. Après les anciennes irruptions de la mer, les eaux ont pu, sans doute, se concentrer dans le premier étang comme dans le second. Mais ces eaux concentrées étaient emportées dans La Valduc par l'irruption suivante, et remplacées par des eaux à 3° 50. L'approvisionnement d'Engrenier est donc resté toujours à peu près stationnaire, et égal au poids de sel contenu en dissolution dans le volume d'eau de mer qui remplissait son bassin. — Cet étang occupe une superficie de 104 hectares. En lui supposant une profondeur d'eau moyenne de 3m 50 après les irruptions, il est aisé de s'assurer que son approvisionnement de sel marin se serait élevé à un million de quintaux métriques environ. — Cet approvisionnement est moindre aujourd'hui et depuis qu'à diverses reprises Engrenier a transmis à La Valduc une partie de ses eaux, car celles-ci ont été remplacées par des eaux douces venant du Poura.

NOTE D

Influence du degré de salure des eaux sur le chiffre des récoltes.

80 — Pour une même étendue de partènements, le chiffre de la production peut varier un peu d'un salin à l'autre avec quelques circonstances locales, telles que la nature plus ou moins perméable du sol, une exposition plus ou moins favorable à l'évaporation, une installation plus ou moins bien entendue, et enfin, avec le plus ou moins d'habileté et de soins des sauniers. Mais il est deux circonstances desquelles dépend surtout, à La Valduc, le chiffre des récoltes moyennes; ce sont : 1° le degré de salure des eaux de l'étang; 2° la proportion des sels étrangers associés dans ces eaux au sel marin. Il y a lieu d'apprécier séparément l'influence de chacune d'elles : commençons par la première.

On serait, au premier abord, assez tenté de croire que les récoltes doivent, toutes choses d'ailleurs égales, s'accroître ou décroître exactement dans les mêmes proportions que le degré de salure des eaux de l'étang. Un même poids d'eau élevée pour le salinage apporte, en effet, avec lui, des poids de sels exactement proportionnels à ces degrés. Toutefois, et en analysant ce qui se passe, et sur les chauffoirs, et sur les tables, on reconnait qu'il n'en est pas tout à fait ainsi.

81 — Essayons de reconnaître, par exemple, dans quelle proportion les récoltes s'amoindrissent, lorsque les eaux, d'une salure de 17 degrés, qui a été longtemps celle de La Valduc, viennent à tomber à 13 degrés, comme il est arrivé quelquefois après les grands déversements d'eaux étrangères. Calcul de l'influence du degré.

Pour une salure de 17 degrés, les chauffoirs occupent à peu près les $\frac{2}{5}$ et les tables les $\frac{3}{5}$ de la superficie utile des salins, c'est-à-dire que, sur un salin de 15 hectares de superficie utile, les chauffoirs occupent 6 hectares et les tables 9 hectares.

Or si l'on désigne par P le poids d'eau mis en œuvre pour une récolte, lorsque les eaux marquent 17°,

Ce poids d'eau à 17° donne lieu, après sa concentration sur les chauffoirs, à un poids d'eau à 25° égal à $\frac{17}{25}$ P;

Et pour amener cette concentration de 17° à 25°, la quantité d'eau évaporée sur les chauffoirs a été : $P - \frac{17}{25} P = \frac{8}{25} P$.

La salure de La Valduc venant à tomber de 17° à 13°, si l'on pouvait encore mettre en œuvre le même poids d'eau P que dans l'autre cas, il donnerait lieu, après sa concentration sur les chauffoirs, à un poids d'eau à 25 degrés égal à $\frac{13}{25}$ P;

Et pour amener cette concentration de 13° à 25° il aurait fallu évaporer sur les chauffoirs un poids d'eau : $P - \frac{13}{25} P = \frac{12}{25} P$.

Or puisqu'il fallait, dans le premier cas, pour l'évaporation d'un poids d'eau égal à $\frac{8}{25}$ P, consacrer aux chauffoirs une superficie de 6 hectares, il faudrait, dans le second, pour l'évaporation d'un poids d'eau égal à $\frac{12}{25}$ P, leur consacrer une superficie égale à $\frac{12}{8} \times 6 = 9$ hectares (1).

D'un autre côté, et puisque, dans le premier cas, pour l'élaboration sur les tables d'un poids d'eau à 25° égal à $\frac{17}{25}$ P, il fallait leur consacrer une superficie de 9 hectares, il faudrait, dans le second, et pour un poids d'eau

(1) Il y aurait lieu, à la rigueur, de tenir compte de cette circonstance, que, dans le second cas, et pour les quatre premiers degrés de concentration entre 13° et 17°, la faculté évaporatoire de l'eau sera un peu plus grande qu'au delà de 17° ; mais il est facile de s'assurer que cette circonstance n'influerait que d'une manière à peine appréciable sur le résultat définitif, et qu'il était permis de la négliger pour ne pas compliquer inutilement cette appréciation.

à 25° égal à $\frac{13}{25}$ P, leur consacrer une superficie égale à $\frac{13}{17} \times 9^h = 6^h88$.

Cette dernière superficie, ajoutée à celle de 9 hectares qui vient d'être reconnue nécessaire pour les chauffoirs, porterait donc à 15^h88 la superficie totale dont il faudrait disposer pour mettre *encore utilement* en œuvre le poids d'eau P. — Comme on ne dispose toujours que d'une superficie de 15 hectares, on voit que le poids d'eau P, employé au salinage lorsque les eaux de l'étang marquaient 17°, ne pourrait plus être utilement élevé sur le salin lorsque la salure est tombée à 13°, et qu'il y aurait lieu de le réduire dans la proportion $\frac{15}{15.88} = 0.944$, ou à 0.944 P.

Les étendues occupées dans ce dernier cas par les tables et les chauffoirs seraient donc :

Pour les tables........	$0.944 \times 6^h88 = 6^h50$	15 hectares.
Pour les chauffoirs	$0.944 \times 9^h00 = 8^h50$	

Enfin, le rapport des récoltes dans les deux cas ci-dessus serait $0.944 \times \frac{13}{17} = 0.722$, tandis que le rapport des degrés est $\frac{13}{17} = 0.765$.

Il est clair que, réciproquement, et la salure venant à s'élever du degré 13 au degré 17, le poids d'eau de La Valduc à mettre en œuvre s'élèvera dans le rapport de 1 à $\frac{1}{0.944} = 1.059$, et que la récolte s'accroîtra dans le rapport de 1 à $1.059 \times \frac{17}{13} = 1.385$.

Tableau *C*. **82** — La précédente appréciation devant être souvent reproduite dans le cours de ce travail, on en a consigné les résultats dans le tableau suivant, pour tous les degrés de salure compris entre 13° et 25°. Il n'est pas, pour cela, nécessaire de renouveler le calcul pour chaque cas : il suffit de le faire pour quelques-uns, et de ceux-ci, on conclut comme il suit tous les autres par interpolation. Ainsi, en prenant pour point de départ et pour terme de comparaison la récolte correspondante au degré de salure 17°, et en la désignant par 1, on vient de voir que la récolte correspondante au degré 13° est représentée par 0.722. On trouve de même que, pour le degré de salure 21°, la récolte serait 1.310, et que, pour le degré de salure 25°, elle serait 1.665.

Si, maintenant, on porte sur une ligne horizontale des divisions représentant, à une échelle quelconque, les degrés de salure, — qu'aux divisions correspondantes aux degrés 13°, 17°, 21° et 25°, on élève des lignes perpendiculaires, et que sur celles-ci on porte des longueurs en millimètres, Aa, Bb, Cc, Dd, figurant, à l'échelle que l'on voudra, les récoltes correspondantes aux degrés ci-dessus, savoir : $Aa = 0.722$, $Bb = 1.000$, $Cc = 1.310$, $Dd = 1.665$, — la courbe $abcd$ représente la loi suivant laquelle les récoltes s'accroissent ou décroissent avec le degré de salure de l'étang. Il en résulte que pour connaître, par exemple, la récolte correspon-

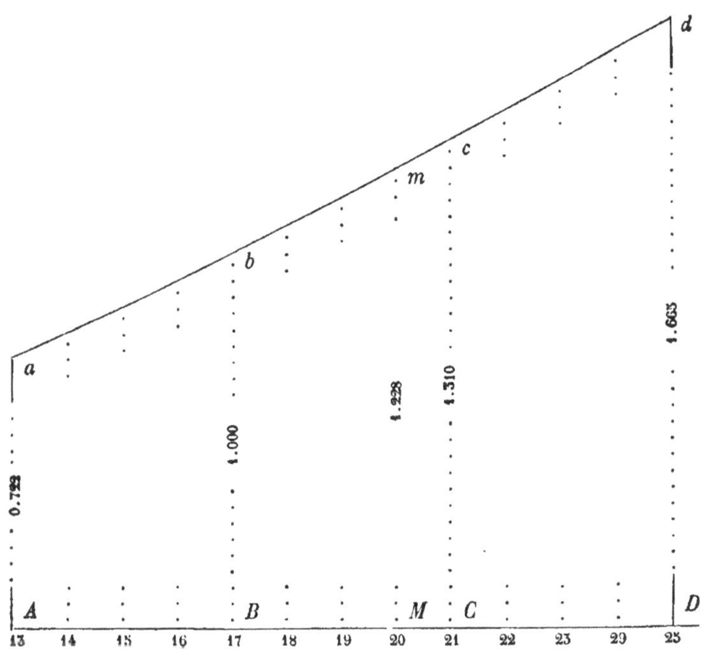

dante au degré 20°, il suffit de mesurer, à l'échelle adoptée, la hauteur Mm correspondante à la division 20. — On trouve ainsi $Mm = 1.228$: et tel est le chiffre porté au tableau ci-dessous, ou le coefficient relatif au degré 20°. Si, par exemple, la récolte d'un salin, avec le degré 17, s'élève à 30 000qm, cette récolte s'élèvera, pour le degré 20, et en supposant toutes autres circonstances égales, à 1.228 × 30 000qm = 36 840qm.

Tableau C.

Des variations du chiffre des récoltes avec le degré de salure de La Valduc.

DEGRÉS de salure des eaux	COEFFICIENTS des récoltes.	DEGRÉS de salure des eaux	COEFFICIENTS des récoltes.	DEGRÉS de salure des eaux	COEFFICIENTS des récoltes.
				21	1.310
13	0.722	17	1.000	22	1.394
14	0.786	18	1.072	23	1.478
15	0.852	19	1.148	24	1.570
16	0.923	20	1.228	25	1.665

Pour les degrés intermédiaires entre ceux consignés au tableau, les coefficients des récoltes s'obtiennent avec une approximation très-suffisante par une simple proportion. Ainsi, de 18 à 19 degrés, par exemple, le coefficient s'accroît de 1.148 — 1.072 = 0.76; il en résulte que de 18° à 18°30, l'accroissement est de 0.30 × 0.76 = 0.023, et le coefficient relatif au degré 18°30 est par conséquent 1.072 + 0.023 = 1.095. — Si la récolte d'un salin avec le degré 17° dans La Valduc a été de 30 000qm, elle s'élèvera, pour le degré de salure 18° 30, à 1.095 × 30 000qm = 32 850qm.

On a pris pour terme de comparaison la récolte correspondante au degré 17, parce que tel a été, pendant longtemps, le degré de salure moyen de La Valduc. Il est clair que le choix de ce terme de comparaison est absolument indifférent.

Poids d'eau à mettre en œuvre.

83. — Si l'accroissement des récoltes suit une progression un peu plus rapide que celle des degrés, cela tient uniquement, comme on vient de le voir, à ce qu'il sera possible, à mesure que les eaux gagneront en degré, de mettre *utilement* en œuvre, pour le salinage, des quantités un peu plus grandes de ces eaux. — Il y aura lieu, dans l'évaluation des prix de revient, d'apprécier le petit surcroît de dépense qui en résultera pour le travail des pompes élévatoires, et cette appréciation se conclut tout directement des chiffres déjà trouvés. Ainsi, en supposant que le degré des eaux de La Valduc s'élève de 13° à 17°, auquel cas la récolte s'accroîtrait, comme on l'a vu, dans le rapport de 1 à 1.385, tandis que le rapport des degrés est seulement $\frac{17}{13} = 1.308$, il résulte de ce qui a été dit au n° 81 que la quantité d'eau mise en œuvre par un même salin s'accroîtra précisément dans le rapport des deux chiffres précédents $\frac{1.385}{1.308} = 1.058$. — Ainsi, et tandis que la concentration des eaux accroîtra les récoltes dans la forte proportion de 1 à 1.385, la quantité d'eau à élever, et par conséquent la dépense de combustible, ne s'accroîtra que dans un rapport minime.

NOTE E

Influence de la proportion des sels étrangers sur le chiffre des récoltes.

84 — De tous les sels associés au sel marin dans les eaux de La Valduc, les plus abondants sont, le chlorure de magnésium, le sulfate de magnésie, et le sulfate de chaux; viennent ensuite le carbonate de chaux, et, en proportions minimes, le chlorure de potassium, avec des traces de brome, probablement à l'état de bromure, et d'oxyde de fer. — On a dit, n° 19, que, de tous ces sels, le sulfate de chaux est celui qui se dépose le premier quand les eaux sont concentrées par évaporation sur les chauffoirs, et qu'il n'en reste plus en dissolution que des quantités minimes lorsque, les eaux ayant atteint 25 degrés, elles sont transmises des chauffoirs aux tables salantes; — que de 25 à 28 degrés, elles abandonnent la majeure partie de leur sel marin, tandis qu'elles retiennent, au contraire, en dissolution, la majeure partie des sulfate de magnésie, chlorure de magnésium, etc.; — qu'enfin ceux-ci, retenant avec eux une partie du sel marin, sont rejetés avec les eaux mères au moment de la récolte.

85 — Les sels mélangés au sel marin étant plus abondants dans l'eau de La Valduc que dans l'eau de mer, la saunaison s'en ressent. La proportion de ces impuretés dans les sels récoltés à La Valduc n'est pourtant pas beaucoup plus grande que dans les sels des autres salins du Midi; car M. Schlœsing a trouvé dans les premiers 2.80 p. % de sels étrangers, et M. Berthier avait trouvé dans les autres 2.40 p. % de ces mêmes sels. — Cette petite différence ne semble pas suffisante pour expliquer la différence des qualités; et il est à croire que celle-ci tient aussi à ce que la surabondance des impuretés dans La Valduc empêche la cristallisation de se faire aussi bien. *Composition des sels de La Valduc.*

Les sels de La Valduc renferment, en outre, comme les autres sels du Midi, 2.20 p. % d'eau de cristallisation au moment de la récolte; de sorte que le sel marin y entre dans la proportion de 95 p. %.

86 — M. Balard, dans ses belles études sur le parti à tirer des eaux mères, a été conduit à analyser spécialement celles des salins de La Valduc, et il a bien voulu nous communiquer cette analyse. Cent kilogrammes de ces eaux renferment 5k40 de sel marin, et 22k40 de sels étrangers. *Composition des eaux mères des salins de La Valduc.*

On peut conclure des recherches déjà mentionnées de M. Usiglio, qu'à ces derniers chiffres, correspond un poids de 1k80 de sulfate de chaux déposé sur les chauffoirs, ce qui porte à 24k20 la totalité des sels étrangers évacués des chauffoirs et des tables avec les 5k40 ci-dessus de sel marin. Le rapport de ce dernier chiffre au premier est $\frac{5.40}{24.20} = \frac{223}{1000}$.

87 — Il est possible, à l'aide de ces chiffres, de se faire une idée nette du départ qui s'opère, sur les salins, entre les divers sels dissous dans les eaux mises en œuvre. — On a vu (n° 13) que les sels étrangers forment, dans les eaux de La Valduc, les $\frac{380}{1000}$ de la totalité des sels dissous. Lorsque, par conséquent, on élève sur les salins un volume d'eau de l'étang renfermant 100 kilogr. de sels dissous, ces 100 kilogr. se composent de : *Appréciation de l'influence des impuretés sur le chiffre des récoltes.*

Sel marin......................	62k	100 kilogr.
Sels étrangers..................	38	

Or, si l'on désigne par R le poids de la récolte correspondante, elle contient, d'après ce qui a été dit tout à l'heure (nº 85), un poids de sel marin 0.95 R, un poids de sels étrangers 0.028 R, et un poids d'eau 0.022 R.

Le poids des sels étrangers évacués est donc 38ᵏ00 — 0 028 R.

D'un autre côté, on vient de voir (nº 86) que le poids de sel marin perdu avec les eaux mères est les $\frac{223}{1000}$ du précédent : il est donc égal à

0.223 (38.00 — 0.028 R) = 8ᵏ474 — 0,00624 R.

Enfin, cette perte de sel marin, jointe au poids récolté 0.95 R, constitue les 62 kilogr. dissous dans le volume d'eau employé; c'est-à-dire que :

$$0.95\,R + 8.474 - 0,00624\,R = 62.00.$$

On en tire R = 56ᵏ76.

88 — Ainsi, et avec la composition actuelle des eaux de l'étang, un volume de celles-ci contenant 100 kilogr. de sels en dissolution donnera une récolte de 56ᵏ76, laquelle récolte sera composée de :

Sel marin........	0.95 × 56.76.......	53ᵏ92
Sels étrangers....	0.028 × 56.76.......	1ᵏ60
Eau............	0.022 × 56.76.......	1ᵏ24
		56ᵏ76

89 — Et il résulte enfin des chiffres ci-dessus, comparés à ceux des sels renfermés dans l'eau mise en œuvre (nº 87), que ces sels se répartissent comme il suit dans le salinage :

Récolte......	Sel marin..........................		53ᵏ92
	Sels étrangers......................		1ᵏ60
Évacuations...	Sel marin....	62ᵏ 00 — 53ᵏ 92 =....	8ᵏ08
	Sels étrangers.	38ᵏ 00 — 1ᵏ 60 =....	36ᵏ40
		Total.........	100ᵏ00

90 — Supposons maintenant que, les eaux de l'étang continuant à s'altérer par le mélange des eaux mères, les sels étrangers viennent un jour à former les $\frac{500}{1000}$, ou la moitié de la totalité des sels dissous. Quelle sera alors la récolte ?

Ces sels étrangers étant devenus plus abondants que dans le cas précédemment examiné, tendront, sans doute, à se déposer sur les tables en plus grande abondance; et l'hypothèse la plus favorable qui puisse être faite, c'est qu'il soit encore possible, dans ces conditions, et sans provoquer des dépôts plus abondants qu'aujourd'hui, de pousser la concentration jusqu'au point où il resterait dans l'eau-mère les mêmes proportions de sel marin et de sels étrangers que dans l'état de choses actuel.

Dans l'hypothèse dont on s'occupe ici, un volume d'eau renfermant 100 kilogrammes de sels en dissolution renfermera :

Sel marin....................	50k	100 kilogr.
Sels étrangers................	50k	

Or, en désignant toujours par R le poids de la récolte, elle retiendra un poids de sels étrangers 0,028 R (n° 85),

L'évacuation de ceux-ci sera donc 50k00 — 0.028 R,

et la perte correspondante de sel marin sera égale (n° 86) à :

0.223 (50.00 — 0.028 R) = 11k15 — 0,00624 R.

Le poids du sel marin récolté sera donc enfin :

50k — (11k15 — 0.00624 R) = 0.95 R.

D'où l'on tire R = 41k 20.

Ce chiffre, comparé à celui de 56k76 trouvé au n° 87, montre que si les sels étrangers, au lieu de former, comme aujourd'hui, les $\frac{380}{1000}$, formaient un jour les $\frac{500}{1000}$ de la totalité des sels dissous dans La Valduc, cette altération aurait pour effet de réduire le chiffre des récoltes dans le rapport de 56.76 à 41.20, ou de 1 à 0.725.

91 — Supposons enfin que la proportion des sels étrangers dans La Valduc redevienne un jour la même que dans l'eau de la Méditerranée, où les sels étrangers ne forment que les $\frac{230}{1000}$ de la totalité des sels; et cette hypothèse est possible à réaliser par l'avivage et l'évacuation totale des eaux mères. — Un volume d'eau renfermant en dissolution 100 kilogrammes de sels dissous apporterait alors sur les salins :

Sel marin....................	77k	100 kilogr.
Sels étrangers................	23k	

En renouvelant, avec ces données, le petit calcul des nos 87 et 90 (1), on reconnaît que le chiffre de la récolte serait alors de 75k60; — et en comparant ce chiffre à celui de 56k76 trouvé au n° 87, on voit que l'amélioration ici supposée à la composition des eaux aurait pour effet d'accroître le chiffre de la production dans le rapport de 75.60 à 56.76, ou de 1.332 à 1.

92 — La loi suivant laquelle les récoltes s'accroissent ou décroissent avec la proportion des impuretés se déduit très-simplement des précédents résultats, par une interpolation en tout semblable à celle dont on a donné un exemple au n° 82. — En désignant par 1 la récolte correspondant à la propor-

(1) Dans l'hypothèse actuelle, les eaux de la Valduc ne différant pas des eaux de mer quant à la proportion des sels étrangers, on a admis pour ce calcul que les sels récoltés renfermeraient, comme les autres sels du Midi, 2.40 p. °/o de sels étrangers, 2.20 p. °/o d'eau, et 95.40 p. °/o de sel marin.

tion actuelle des impuretés, le tableau suivant fait connaître les chiffres des récoltes ou les coefficients correspondants aux proportions d'impuretés comprises entre les limites auxquelles se rapportent les appréciations de ce travail.

Tableau *D*.

Tableau D.

Des variations du chiffre des récoltes avec la proportion des sels étrangers renfermés dans La Valduc.

PROPORTION des sels étrangers.	COEFFICIENTS des récoltes.	PROPORTION des sels étrangers.	COEFFICIENTS des récoltes.	PROPORTION des sels étrangers.	COEFFICIENTS des récoltes.
0.230	1.332	0.330	1.110	0.430	0.886
0.240	1.310	0.340	1.088	0.440	0.863
0.250	1.288	0.350	1.066	0.450	0.840
0.260	1.265	0.360	1.044	0.460	0.817
0.270	1.243	0.370	1.022	0.470	0.794
0.280	1.221	0.380	1.000	0.480	0.771
0.290	1.198	0.390	0.977	0.490	0.748
0.300	1.176	0.400	0.954	0.500	0.725
0.310	1.154	0.410	0.931	0.510	0.702
0.320	1.132	0.420	0.908	0.520	0.679

Pour des proportions d'impuretés intermédiaires entre celles inscrites au tableau, les coefficients s'obtiennent par une simple proportion. Ainsi, de $\frac{400}{1000}$ à $\frac{410}{1000}$, le coefficient décroît de 0.954 — 0.931 = 0.023; il en résulte que de $\frac{400}{1000}$ à $\frac{406}{1000}$, par exemple, il décroîtra de

0.06 × 0.023 = 0.014, et que le coefficient relatif à cette proportion $\frac{406}{1000}$ sera 0.954 — 0.014 = 0.940.

En supposant donc qu'avec la proportion actuelle des sels étrangers $\left(\frac{380}{1000}\right)$, et un degré de salure déterminé dans l'étang, la récolte s'élève à 380 000 quintaux métriques, par exemple, une altération qui porterait à $\frac{406}{1000}$ la proportion des sels étrangers aurait pour résultat (en supposant d'ailleurs que le degré restât le même), de réduire la récolte à 0.940 × 380 000^{qm} = 357 000 quintaux métriques.

Le rapport des coefficients relatifs aux proportions d'impuretés $\frac{380}{1000}$ et $\frac{230}{1000}$ est $\frac{1}{1,332} = 0.751$, et le coefficient 0.751 du Tableau *C* répond au degré de salure 13° 45. — Il en résulte qu'avec la proportion actuelle des sels étrangers $\frac{380}{1000}$, des eaux à 17 degrés donnent la même récolte que des eaux à 13° 45, où les sels étrangers ne formeraient, comme dans l'eau de mer, que les $\frac{230}{1000}$ de la totalité des sels dissous.

Il est facile de s'assurer, par une appréciation semblable, qu'avec des eaux à 25 degrés où les sels étrangers formeraient les $\frac{500}{1000}$ de la totalité des sels dissous, le chiffre des récoltes serait le même qu'avec des eaux à 15° 70 dont la pureté serait la même que celle des eaux de mer.

NOTE F

Évacuations de sel marin et de sels étrangers avec les eaux mères.

93 — Les quantités de sel marin et de sels étrangers rejetés des salins à chaque récolte sont utiles à connaître pour de nombreuses appréciations. Elles se concluent tout directement des résultats trouvés aux n°s 87, 90 et 91. — Ainsi, l'on a vu, n° 87, que, dans l'état actuel des choses, les sels étrangers formant les $\frac{380}{1000}$ de la totalité des sels dissous, la récolte correspondante à un volume d'eau de l'étang renfermant 100 kilog. de sels en dissolution est de 56k76. — Il en résulte que, pour obtenir 100 kilog. de récolte, il faut employer au salinage un volume d'eau de La Valduc, renfermant un poids de sels égal à $100 \times \frac{100}{56.76} = 176^{k}18$. Calculs relatifs tableau *E*.

Ce poids est composé comme il suit :

Sel marin.........	$0.620 \times 176^{k}18 = 109^{k}23$	176k18
Sels étrangers.....	$0.380 \times 176^{k}18 = 66.95$	

Les 100 kilog. de récolte renfermant, comme on l'a vu, 2.80 p. 0/0 de sels étrangers, 2.20 p. 0/0 d'eau, et 95 p. 0/0 de sel marin, la répartition des sels entre la récolte et les évacuations est la suivante :

Récolte........	Sel marin..........	95^k00	176^k18
	Sels étrangers......	2^k80	
Évacuation.....	Sels étrangers......	64^k15	
	Sel marin..........	14^k23	

94 — Si les sels étrangers formaient dans La Valduc les $\frac{500}{1000}$ de la totalité des sels dissous, on a vu, n° 90, que la récolte correspondante à un volume d'eau de l'étang renfermant 100 kilog. de sels en dissolution se réduirait à 41^k20. — Pour obtenir 100 kilog. de récolte, il faudrait donc, dans ce cas, mettre en œuvre un volume d'eau renfermant un poids de sels dissous égal à $100 \times \frac{100}{41.20} = 242^k72$, et composé de :

Sel marin.........	$0.50 \times 242^k72 = 121^k36$	242^k72
Sels étrangers.....	$0.50 \times 242^k72 = 121^k36$	

La répartition entre la récolte et les évacuations serait alors la suivante :

Récolte........	Sel marin..........	95^k00	242^k72
	Sels étrangers......	2^k80	
Évacuation.....	Sels étrangers......	118^k56	
	Sel marin..........	26^k36	

95 — Si enfin les sels étrangers ne formaient plus, comme dans l'eau de mer, que les $\frac{230}{1000}$ de la totalité des sels dissous, la récolte correspondante à un volume d'eau renfermant en dissolution 100 kilog. de sels serait (n° 91), de 75^k60. — Pour récolter un quintal métrique de sel, il faudrait donc alors mettre en œuvre un volume d'eau de La Valduc renfermant en dissolution un poids de sels égal à $100 \times \frac{100}{75.60} = 132^k28$, et composé comme il suit :

Sel marin.........	$0{,}770 \times 132^k28 = 101^k86$	132^k28
Sels étrangers.....	$0{,}230 \times 132^k28 = 30^k42$	

En admettant, conformément aux chiffres mentionnés au n° 85, que les sels récoltés à La Valduc ne renferment plus alors, comme les autres sels du Midi, que 2,40 p. 0/0 de sels étrangers, la répartition entre la récolte et les évacuations serait la suivante :

Récolte........	Sel marin..........	95,40	132^k28
	Sels étrangers......	2,40	
Évacuations.....	Sels étrangers......	28,02	
	Sel marin..........	6,46	

Tableau *E*. Du poids des sels rejetés par les salins.

96 — Des trois cas qui viennent d'être examinés, il est facile de déduire, pour tous les autres, les quantités de sels rejetés avec les eaux mères, sans recourir à de nouveaux calculs, et par une interpolation pareille à celle dont il a été donné un exemple au n° 82. — On a consigné les résultats de cette interpolation dans le tableau suivant, où sont indiqués les poids de sels étrangers et de sel marin retenus dans les eaux mères et rejetés par les salins pour chaque quintal métrique de sel récolté.

Tableau E.

Des poids de sel marin et de sels étrangers rejetés des salins avec les eaux mères, soit au dedans, soit au dehors de La Valduc.

PROPORTION des sels étrangers dans La Valduc.	ÉVACUATIONS par quintal métrique de récolte.		PROPORTION des sels étrangers dans La Valduc.	ÉVACUATIONS par quintal métrique de récolte.	
	Sels étrangers.	Sel marin.		Sels étrangers.	Sel marin.
	q. m.	q. m.		q. m.	q. m.
0.230	0.2802	0.0646	0.380	0.6415	0.1423
0.240	0.297	0.066	0.390	0.675	0.150
0.250	0.317	0.069	0.400	0.712	0.158
0.260	0.338	0.073	0.410	0.750	0.166
0.270	0.358	0.077	0.420	0.790	0.175
0.280	0.379	0.081	0.430	0.833	0.185
0.290	0.401	0.086	0.440	0.877	0.195
0.300	0.423	0.091	0.450	0.923	0.205
0.310	0.446	0.096	0.400	0.071	0.216
0.320	0.470	0.102	0.470	1.022	0.227
0.330	0.496	0.108	0.480	1.075	0.239
0.340	0.523	0.114	0.490	1.129	0.251
0.350	0.551	0.120	0.500	1.1856	0.2636
0.360	0.579	0.127	0.510	1.238	0.277
0.370	0.609	0.134	0.520	1.294	0.291
0.380	0.6415	0.1423			

97 — Ce tableau se prête commodément à l'évaluation, souvent utile, des poids ou des volumes d'eau qu'il sera nécessaire de consacrer au salinage, selon le plus ou moins de richesse et de pureté de ces eaux. Ainsi, et pour le cas où les sels étrangers forment les $\frac{280}{1000}$ de la totalité des sels dissous, on reconnaît immédiatement à l'inspection de ce tableau, et sans recourir aux calculs du n° 93, que les poids de sel marin et de sels étrangers rejetés avec les eaux mères étant respectivement 0^{qm}6415 et 0^{qm}1423, soit, en tout, 0^{qm}7838 par quintal métrique de sel récolté, tandis que le poids des sels contenus dans cette récolte est de 0^{qm}978 (déduction faite des 2,20 p. 0/0 d'eau de cristallisation, n° 85), il faudra, pour la fabrication de ce quintal métrique, mettre en œuvre un volume d'eau de La Valduc renfermant :

$$0^{qm}7838 \times 0^{qm}9780 = 1^{qm}7618$$

de sels en dissolution.—Ce dernier chiffre est bien le même que celui du n° 93.

De même, et en supposant, par exemple, que la proportion des sels étrangers dans La Valduc se réduise à $\frac{330}{1000}$, le tableau montre que les poids de sels étrangers et de sel marin rejetés des salins seront respectivement $0^{qm}496$ et $0^{qm}108$, soit, en tout, $0^{qm}604$ par quintal métrique de sel récolté.— La fabrication de ce quintal métrique exigera donc alors l'emploi d'un volume d'eau renfermant un poids de sels dissous égal à $0^{qm}604 + 0^{qm}978 = 1^{qm}582$.

Usage des tableaux *B*, *C*, *D* et *E*.

98 — Les tableaux *B*, *C*, *D* et *E* permettent de résoudre un grand nombre de questions relatives à l'exploitation des eaux de La Valduc.— Prenons pour exemple le cas où la salure de l'étang s'élèverait à 25 degrés, et où les sels étrangers y formeraient les $\frac{340}{1000}$ de la totalité des sels dissous, et proposons-nous de rechercher quels seront : 1° le chiffre de la récolte totale des salins; 2° le poids ou le volume des eaux à mettre en œuvre; 3° le volume des eaux mères correspondantes.

On a vu (n° 10) que la production moyenne annuelle des salins de La Valduc, pendant les 20 dernières années, avait été de 425 000 à 450 000 quintaux métriques; et pour avoir, dans ce travail, des évaluations modérées, on admettra le plus petit de ces deux chiffres. — Cette production répondait au degré de salure moyen 17° et à la proportion moyenne d'impuretés $\frac{330}{1000}$ (voir le n° 105).

Or on reconnaît par le tableau *C*, qu'au degré de salure 17 correspond le coefficient 1, et au degré 25 le coefficient 1.665;

On reconnaît d'un autre côté, par le tableau *D*, qu'à la proportion d'impuretés $\frac{330}{1000}$ correspond le coefficient 1.110, et à la proportion d'impuretés $\frac{340}{1000}$ le coefficient 1,088 :

Il résulte donc de ces chiffres et de ce qui a été dit aux n°s 82 et 92, que la récolte, avec le degré de salure 25° et la proportion d'impuretés $\frac{340}{1000}$, sera :

$$425\,000 \times 1.665 \times \frac{1.088}{1.110} = 693\,000^{qm}.$$

99. — Le tableau *E* montre qu'avec la proportion d'impuretés $\frac{340}{1000}$ les poids de sels étrangers et de sel marin rejetés avec les eaux mères seront respectivement $0^{qm}523$ et $0^{qm}114$, soit, en tout, $0^{qm}637$ par quintal métrique de récolte; d'où l'on conclut comme ci-dessus (n° 97), que pour la fabrication de ce quintal métrique, il faudra mettre en œuvre un volume d'eau renfermant en dissolution un poids de sels égal à $0^{qm}637 + 0^{qm}978 = 1^{qm}615$.

Le *poids* de cette eau à 25° mise en œuvre sera, par quintal métrique de récolte $\frac{1.615}{0.25} = 6^{qm} 460$; et le *poids* d'eau à mettre en œuvre pour toute la récolte de 693 000^{qm} sera 6^{qm} 460 × 693 000 = 4 476 000^{qm}.

100. — On reconnaît par le tableau *B* qu'un mètre cube d'eau salée à 25° renferme en dissolution 3^{qm}025 de sels. — Il en résulte que les *volumes* d'eau à mettre en œuvre seront, par quintal métrique de récolte $\frac{1.615}{3.025} = 0^{mc} 534$, et pour toute la récolte 0^{mc} 534 × 693,000 = 370 000 mètres cubes.

Enfin, le poids des sels rejetés avec les eaux mères étant de 0^{qm}637 par quintal métrique de récolte (n° 99), le poids total des sels rejetés des salins sera 0.637 × 693 000^{qm} = 441 000^{qm}.

Ces eaux mères, supposées à 28°, renferment par mètre cube 3^{qm}476 de sels en dissolution (tableau *B*); — leur volume sera donc $\frac{441\ 000}{3.476} = 126\ 000^{mc}$.

La totalité de ce volume n'est pas évacuée au dehors de La Valduc. Les salins de Citis et de Rassuen, dont les récoltes réunies forment les $\frac{52}{100}$ de la récolte totale, sont seuls tenus de faire cette évacuation au dehors de l'étang; de sorte que celui-ci recevra les $\frac{48}{100}$ du volume d'eaux mères ci-dessus, ou 0.48 × 126 000^{mc} = 60 000^{mc}.

Enfin, le volume d'eau mis en œuvre étant de 370,000^{mc} et le volume restitué avec les eaux mères étant de 60,000^{mc}, le volume prélevé par la fabrication sera de 310,000^{mc}.

101. — En renouvelant le précédent calcul pour le cas où les eaux de La Valduc, marquant 17° et renfermant la proportion d'impuretés $\frac{330}{1000}$, la récolte s'élèverait à 425 000^{qm}, on trouve : — que le poids d'eau à mettre en œuvre serait, pour cette récolte, de 3 960 000^{qm} ; — que le volume de ces eaux serait de 349 000^{mc}, — et que le volume prélevé sur l'étang, déduction faite de celui restitué par les eaux mères, serait de 315 000^{mc}.

Comparaison des poids et des volumes d'eau à mettre en œuvre dans les divers cas.

102 — La comparaison de ces derniers résultats à ceux obtenus pour le cas d'une récolte de 693 000^{qm} (n°s 99 et 100) donne lieu aux observations suivantes :

Tandis que, par le fait d'une richesse plus grande des eaux, les récoltes s'élèvent de 425 000^{qm} à 693 000^{qm}, le poids des eaux à mettre en œuvre pour le salinage s'élève seulement dans le rapport $\frac{4\ 476\ 000}{3\ 960\ 000} = 1.13$; c'est-à-dire, qu'à un accroissement considérable dans la récolte, correspond seulement un accroissement minime dans le poids d'eau à mettre en œuvre, et, par conséquent, dans la dépense de combustible (1) :

(1) Il est à observer à ce sujet que, si les poids d'eau mis en œuvre varient un peu avec le degré des eaux de l'étang, ils ne dépendent nullement de la proportion des impuretés... La superficie à consacrer aux chauffoirs et le temps nécessaire pour amener les eaux à 25° dépendent uniquement, en effet, de leur degré primitif.

Dépression résultant des prélèvements faits par l'industrie.

103 — La différence des volumes est moindre, encore, que celle des poids, ce qui tient à ce que la pesanteur spécifique des eaux salées s'accroît avec les degrés de salure.

Enfin, si l'on compare entre eux les volumes enlevés par la fabrication, déduction faite de ceux restitués par le retour à l'étang d'une partie des eaux mères, on reconnaît qu'ils diffèrent à peine l'un de l'autre : — 310 000^{mc} pour le premier cas, et 315 000^{mc} pour le second. — Le même calcul, renouvelé pour d'autres hypothèses, conduit toujours à des chiffres tout voisins de ceux-là. — Le plus fort de ces volumes constitue, sur les 330 hectares de La Valduc, une tranche d'eau d'une hauteur égale à $\frac{315000}{3300000} = 0^{m}095$. Tel est donc le chiffre de la dépression résultant des prélèvements opérés chaque année par l'industrie. On a admis, pour les évaluations de ce travail, le chiffre rond de $0^{m}10$.

Tableau *F*. Des évacuations faites au dehors de La Valduc par Citis et Rassuen.

104 — Comme il y a lieu, dans le calcul de la succession des récoltes, d'évaluer pour chacune d'elles les quantités de sel marin et de sels étrangers évacués au dehors de La Valduc, afin d'en conclure les modifications apportées par ces récoltes dans la salure et la composition des eaux, on a établi, pour faciliter ces calculs, le tableau suivant, qui se déduit tout directement du tableau *E*. — Pour la proportion d'impuretés $\frac{380}{1000}$, par exemple, les poids de sels étrangers et de sel marin rejetés des salins avec les eaux mères sont respectivement $0^{qm}6415$ et $0^{qm}1423$ par quintal métrique de sel fabriqué ; les poids correspondants évacués au dehors de La Valduc par les salins de Citis et de Rassuen sont donc $0.52 \times 0^{qm}6415 = 0^{qm}333$ et $0.52 \times 0^{qm}1423 = 0^{qm}074$. C'est en faisant subir la même réduction à tous les chiffres du tableau *E*, qu'a été formé le tableau suivant :

Tableau F.

Des poids de sel marin et de sels étrangers évacués au dehors de La Valduc avec les eaux mères de Citis et de Rassuen.

PROPORTION des sels étrangers.	ÉVACUATIONS par quintal métrique de récolte. Sels étrangers.	ÉVACUATIONS par quintal métrique de récolte. Sel marin.	PROPORTION des sels étrangers.	ÉVACUATIONS par quintal métrique de récolte. Sels étrangers.	ÉVACUATIONS par quintal métrique de récolte. Sel marin.
	q. m.	q. m.		q. m.	q. m.
0.230	0.146	0.033	0.380	0.333	0.074
0.240	0.154	0.034	0.390	0.351	0.078
0.250	0.165	0.036	0.400	0.370	0.082
0.260	0.175	0.038	0.410	0.390	0.086
0.270	0.185	0.040	0.420	0.411	0.091
0.280	0.196	0.042	0.430	0.433	0.096
0.290	0.207	0.044	0.440	0.456	0.101
0.300	0.219	0.047	0.450	0.480	0.106
0.310	0.231	0.050	0.460	0.505	0.112
0.320	0.244	0.053	0.470	0.532	0.118
0.330	0.257	0.056	0.480	0.559	0.124
0.340	0.271	0.059	0.490	0.587	0.130
0.350	0.285	0.062	0.500	0.616	0.137
0.060	0.300	0.066	0.510	0,644	0.144
0.370	0.316	0.070	0.520	0.673	0.151
0.380	0.333	0.074			

NOTE G

Composition des eaux de La Valduc en 1861.

105 — Dans les eaux de La Valduc analysées en 1856, le sel marin formait les $\frac{636}{1000}$, et les sels étrangers les $\frac{364}{1000}$ de la totalité des sels dissous (nº 13). — L'altération survenue de 1856 à 1860 s'apprécie comme il suit.

Les quatre récoltes 1857 à 1860 inclusivement, évaluées chacune au chiffre moyen de 360 000^{qm}, se sont élevées ensemble à 1 440 000^{qm}.

En supposant, pendant ces quatre années. la proportion moyenne d'impuretés $\frac{370}{1000}$, l'extraction totale de sel marin s'est composée : 1° de la quantité comprise dans les récoltes et égale (n° 85) aux $\frac{95}{100}$ de celles-ci ; et 2° de la quantité évacuée au dehors de l'étang avec les eaux mères, et égale, d'après le tableau *F* et pour la proportion d'impuretés $\frac{370}{1000}$, à 0qm070 par quintal métrique de récolte, ou aux $\frac{70}{1000}$ de celle-ci. Cette extraction de sel marin a donc été égale à (0,950 + 0,070) × 1 440 000qm...... = 1 468 000qm

L'extraction de sels étrangers s'est composée : 1° de la quantité mêlée à la récolte, où ils entrent dans la proportion de $\frac{28}{1000}$ (n° 85) ; et 2° de celle évacuée avec les eaux mères, égale, d'après le tableau *F*, à 0qm316 par quintal métrique de récolte, ou aux $\frac{316}{1000}$ de celle-ci. Cette extraction de sels étrangers a donc été égale à (0,028 + 0,316) × 1 440 000qm... = 495 000

Le poids total des sels dissous dans La Valduc a donc diminué depuis 4 ans de................................ 1 963 000qm

Si, maintenant, au chiffre des extractions faites depuis 1856, on ajoute celui des sels aujourd'hui en dissolution, et évalué (n° 12) à................................ 13 330 000

Le total................................ 15 323 000qm

représente le poids des sels existant dans La Valduc en 1856.

Or, d'après l'analyse faite à cette époque, ce poids était composé comme il suit :

Sel marin...........	0 636 × 15 323 000qm	= 9 745 000qm
Sels étrangers.......	0 364 × 15 323 000	= 5 578 000
		15 323 000qm

En déduisant de ces derniers chiffres les poids de sel marin et de sels étrangers extraits de 1856 à 1860, et trouvés ci-dessus, on reconnaît qu'il reste dans l'étang pour 1861 :

Sel marin..........	9 745 000 — 1 468 000	= 8 277 000qm
Sels étrangers......	5 578 000 — 495 000	= 5 083 000
	Total................	13 360 000qm

La proportion des sels étrangers par rapport à la totalité des sels dissous est donc, en 1861 :

$$\frac{5\,083\,000}{13\,360\,000} = 0{,}380.$$

On conclut d'une appréciation en tout semblable à la précédente que, pendant les 20 dernières années, la proportion des sels étrangers était, en moyenne, de $\frac{330}{1000}$ à peu près.

Note H

Calcul de la succession des récoltes.

106 — Les résultats à attendre de l'avivage de La Valduc dépendent de trois circonstances principales, savoir : 1° la hauteur de la tranche d'eau de mer qu'il sera possible d'introduire chaque année dans l'étang; 2° la hauteur à laquelle sera désormais fixé le niveau normal de celui-ci ; et 3° les soins plus ou moins grands avec lesquels on aura pourvu à l'évacuation des eaux mères. Pour se rendre compte de l'influence de chacune d'elles sur l'avenir des récoltes, il est nécessaire de les étudier d'abord séparément, en renouvelant le calcul de la succession des récoltes dans diverses hypothèses.

1er Cas. — Succession des récoltes dans le cas où l'étang ne serait pas avivé. (Tableau I.)

107 — On sait que l'étang de La Valduc, lorsqu'il est préservé de tout déversement d'eaux étrangères, éprouve une dépression moyenne d'au moins 20 centimètres par an. En supposant donc que les choses soient abandonnées à leur cours naturel, son volume diminuera peu à peu en conséquence. — La superficie aujourd'hui occupée par les eaux est de 336 à 340 hectares; mais elle se réduira elle-même un peu par suite de la dépression, et pour tenir compte de cette circonstance, il y a lieu d'évaluer cette superficie moyenne à 330 hectares seulement. La diminution de volume éprouvée chaque année sera donc égale, en moyenne, à 0.20 × 3 330 000 = 660 000mc. Tableau I.

Le volume correspondant à la cote du niveau 11m 26 pendant les six mois de la saunaison en 1860 étant de 8 340 000mc (n° 11), il en résulte que pour la cote 11m 46, en 1861, le volume d'eau de l'étang sera :

$$8340000 - 660000 = 7680000^{mc}.$$

On a vu (n° 14), que les sels étrangers forment aujourd'hui les $\frac{380}{1000}$ de la totalité des sels dissous; et que l'approvisionnement total se compose comme il suit :

Sel marin............	8 284 000qm
Sels étrangers........	5 076 000
Total........	13 360 000qm

Le poids des sels dissous par mètre cube d'eau sera donc, en 1861 :

$$\frac{13\,360\,000}{7\,680\,000} = 1^{qm}\,740$$

et le tableau *B* fait voir, qu'à cet état de choses correspondra le degré de salure 15° 50.

108 — La récolte probable de 1861 se conclut directement de ces données par un calcul semblable à celui du n° 98 :

On sait qu'au degré de salure moyen 17° et à la proportion moyenne d'imposition $\frac{330}{1000}$, a correspondu, pendant les vingt dernières années, une production de 425 000 à 450 000 quintaux métriques pour l'ensemble des salins, et l'on a dit (n° 98), qu'il y a lieu d'admettre dans ce travail le plus petit de ces deux chiffres ;

Or les coefficients du tableau *C*, pour les degrés 15° 50 et 17° sont respectivement 0.887 et 1 ; et les coefficients du tableau *D*, pour les proportions d'impuretés $\frac{380}{1000}$ et $\frac{330}{1000}$ sont 1 et 1.110.

La récolte correspondante au degré 15° 50 et à la proportion d'impuretés $\frac{380}{1000}$ sera donc : $425\,000 \times 0.887 \times \frac{1}{1.110} = 340\,000^{qm}$.

109 — Quels seront, maintenant, les changements apportés par cette récolte à l'état de La Valduc ?

	Sels étrangers.	Sel marin.
		q. m.
1861. L'approvisionnement actuel en sel marin est.....		8 284 000
La récolte de 1861 le réduira : 1° de la quantité renfermée dans cette récolte, dont les $\frac{95}{100}$ se composent de sel marin (n° 85) ; et 2° de la quantité évacuée avec les eaux mères, quantité égale, d'après le tableau *F*, et pour la proportion d'impuretés $\frac{380}{1000}$ aux $\frac{74}{1000}$ de celle-ci. — L'extraction totale de sel marin en 1861 sera donc $(0.950 + 0.074) \times 340\,000$ q. m. $= 348\,000$ q. m.		348 000
et il restera pour 1862 un poids de ce sel égal à...	....	7 936 000
Le poids actuel de sels étrangers est............	5 076 000	
La récolte de 1861 le réduira : 1° du poids de ces sels mêlés au sel marin de la récolte, poids égal aux $\frac{28}{1000}$ de celle-ci (n° 85) ; et 2° du poids évacué avec les eaux mères, et égal, pour la proportion d'impuretés $\frac{380}{1000}$, et, d'après le tableau *F*, à $0^{qm}\,333$ par quintal métrique de récolte.		
L'extraction de sels étrangers en 1861 sera donc $(0.333 + 0.028) \times 340\,000$ q. m. $= 123\,000$ q. m.	123 000	
1862. Et il restera dans l'étang pour 1862 :		
Sels étrangers...........................	4 953 000	
Sel marin............................	7 936 000	
TOTAL.....................	12 889 000	

110 — La proportion des sels étrangers, par rapport à la totalité des sels dissous, sera donc en 1862 $\frac{4953000}{12889000} = 0.384$. — Le coefficient correspondant du tableau *D* est 0.991.

Par suite de la dépression du niveau jusqu'à la cote 11m66, le volume des eaux de l'étang se réduira en 1862 à 7 680 000mc — 660 000mc = 7 020 000mc.

Le mètre cube de ces eaux renfermera donc en dissolution un poids de sels égal à $\frac{12889000}{7020000} = 1^{qm}836$. A ce dernier chiffre correspond, d'après le tableau *B*, le degré de salure 16°30; et à ce degré correspond le coefficient 0.946 (tableau *C*).

La récolte de 1862, avec le degré 16°30 et la proportion d'impuretés $\frac{384}{1000}$ sera donc :

$$425\,000 \times 0.946 \times \frac{0.991}{1.110} = 358\,000^{qm}.$$

En évaluant les extractions de sel marin et de sels étrangers par un calcul absolument pareil à celui du n° 109, on reconnaît que l'approvisionnement laissé dans l'étang pour la récolte de 1863 serait :

Sel marin..................	4 821 000qm
Sels étrangers.............	7 569 000
TOTAL.......	12 390 000qm

et de ces chiffres, on conclut comme ci-dessus, qu'en 1863 les eaux marqueraient 17°15, qu'elles renfermeraient la proportion d'impuretés $\frac{389}{1000}$, et que la récolte serait de 379 000qm.

111 — Le même calcul, poursuivi pour les années suivantes, démontre qu'en 1868 les eaux marqueraient 25 degrés. On ne saurait les laisser se concentrer davantage sans risquer de voir le sel marin se déposer au fond de l'étang. Il serait donc indispensable, à partir de cette époque, d'arrêter la dépression par des admissions d'eaux étrangères; et c'est dans cette hypothèse qu'ont été calculées les récoltes à partir de 1869.

Il ne semble pas douteux que la surabondance des impuretés n'eût fait renoncer à la fabrication avant les dernières années pour lesquelles le calcul a été fait; et en le poussant jusque-là on a eu seulement en vue d'évaluer *à la dernière limite du possible* les récoltes restant à faire dans le cas où l'étang ne serait pas avivé.

2e Cas. — Succession de récoltes en supposant :

1° L'étang avivé, à partir de 1863, par une tranche d'eaux de mer de 0m70 de hauteur;

2° Le niveau normal maintenu à la cote 11m70;

3° L'évacuation, au dehors de La Valduc, des $\frac{52}{100}$ des eaux mères.

112 — On a vu (n° 110) que, par suite de la dépression naturelle du niveau de l'étang, ce niveau sera descendu, en 1862, à la cote 11m66. On suppose ici que cette cote, ou en chiffres ronds, celle de 11m70 soit adoptée pour celle du niveau normal à conserver indéfiniment. Le volume correspondant des eaux de La Valduc serait alors de 7000000mc.

L'exécution des travaux d'avivage semble pouvoir se faire aisément en une seule campagne. En les supposant entrepris en 1861, ils permettraient donc peut-être de commencer l'avivage en 1862; mais pour faire la part de l'imprévu, on admettra qu'il sera seulement possible de commencer le détournement des eaux douces dans les derniers mois de 1862, de manière à introduire pour 1863 la tranche d'eau de mer de 0m70.

Le volume de celle-ci sera égal à 0.70 × 3300000 = 231000mc et elle renfermera en dissolution les poids de sels suivants (n° 75) :

Sel marin..............	0qm277 × 231000 =	640000qm
Sels étrangers..........	0qm082 × 231000 =	190000
Total.................		830000qm

Ces poids s'ajouteront à ceux de l'approvisionnement subsistant après la récolte de 1862, et évalué plus haut comme il suit (n° 110) :

Sel marin.................	7569000
Sels étrangers.............	4821000

113 — L'approvisionnement de La Valduc pour la récolte de 1863 sera donc porté aux chiffres ci-dessous :

	Sels étrangers.	Sels marins.
q. m.		q. m.
Sel marin....... 7 569 000 + 640 000 = 8 209 000		8 209 000
Sels étrangers... 4 821 000 + 190 000 = 5 011 000		
Total......... 13 220 000		
1863. En renouvelant, à l'aide de ces données, les mêmes appréciations qu'aux nos 107 à 110, on trouve que		
A reporter..................		8 209 000

	Sels étrangers.	Sel marin.
	q. m.	q. m.
Report		8 209 000

les conditions de la saunaison en 1863 seront les suivantes :

Proportion des sels étrangers $\frac{5011000}{13220000} = 0,378.$

Coefficient du tableau *D* .... 1,004.

Poids de sels par mètre cube d'eau :

$$\frac{13220000}{7000000} = 1,888 \text{ q. m.}$$

Degré correspondant (tableau *B*)..... 16°70.

Coefficient du degré (tableau *C*) ..... 0,977.

La récolte de 1863 sera donc égale (*voir* le n° 108) à $425000 \times 0,977 \times \frac{1.004}{1.110} = 376000$ q. m.

On reconnaît à l'aide du tableau *F* qu'avec la proportion d'impuretés $\frac{378}{1000}$, les poids de sel marin et de sels étrangers évacués avec les eaux mères au dehors de La Valduc seront respectivement, et par quintal métrique de récolte, 0qm 073 et 0qm 328 ; — l'extraction totale de sel marin correspondante à la récolte ci-dessus sera donc (*voir* n° 109) égale à

		Sels étrangers	Sel marin
$(0,930 + 0,073) \times 367000 =$	385000qm		
L'avivage apportant avant la récolte de 1864	640000		
L'approvisionnement de sel marin s'accroîtra de	255000		255 000
et l'approvisionnement de 1864 sera...............			8 464 000
Le poids des sels étrangers avant la récolte de 1863 était de..................................		5 011 000	
L'extraction de ces sels correspondante à la récolte de 1863 étant $(0,028 + 0,328) \times 376000 =$	134000qm		
et l'avivage apportant pour 1864......	190000		
il y aura accroissement de...........	56000	56 000	

1864. Il y aura donc dans l'étang, pour la saunaison de 1864 :

	Sels étrangers	Sel marin
Sels étrangers..............................	5 067 000	
Sel marin	8 464 000	
TOTAL......................	13 531 000	

		Sels étrangers.	Sel marin.
		q. m.	

Proportion des sels étrangers $\frac{5067000}{13531000} = 0,374$

Coefficient correspondant du tableau *D*.. 1,013

Poids de sels par mètre cube d'eau :

$$\frac{13531000}{7000000} = 1^{qm}932.$$

Degré conclu du tableau *B*........... 17°00

Coefficient correspondant du tableau *C*. 1,000

Récolte de 1864 :

$$425000 \times 1,000 \times \frac{1,013}{1,110} = 389000 \text{ q. m.}$$

114 — On trouve, en poursuivant ces calculs, que l'étang renfermera pour la saunaison de 1873 :

		Sels étrangers.	Sel marin.
1873 à 1877.	Sels étrangers.....................	5 537 000	
	Sel marin........................	10 241 000	10 241 000
	TOTAL...............	15 778 000	

Proportion des sels étrangers en 1873 :

$$\frac{5537000}{15778000} = 0,353.$$

Coefficient du tableau *D*..... 1,062.

Poids de sels par mètre cube d'eau :

$$\frac{15778000}{7000000} = 2^{qm}254.$$

Degré en 1873 conclu du tableau *B*.... 19°50.

Coefficient du degré (tableau *C*)........ 1,188.

Pour les années suivantes on a calculé, comme il suit les récoltes par groupes de cinq années, en appliquant aux périodes quinquennales ce qui a été fait ci-dessus pour les récoltes annuelles.

Ainsi, pour la période 1868 à 1872 inclusivement, la récolte totale est de 2 271 000 quintaux métriques (*voir* le tableau II).

Or, en 1858, première année de cette période quinquennale, la proportion des impuretés était de $\frac{361}{1000}$, et le degré de salure de 18° 25 ; à quoi correspondaient les coefficients 1,091 pour le degré, et 1,042 pour la proportion des impuretés.

La récolte totale de la période 1873 à 1877, déduite de la période 1868 à 1872, sera donc :

$$2271000 \times \frac{1,118}{1,091} \times \frac{1,062}{1,042} = 2520000 \text{ quintaux métriques.}$$

Le calcul des extractions correspondantes à ces périodes quinquennales ne diffère en rien de ce qui a été fait plus haut pour les récoltes annuelles, et l'on ne s'y arrêtera pas davantage.

3me cas. — Succession des récoltes en supposant : Tableau III.

1° L'étang avivé à partir de 1863 par une tranche d'eau de mer de 0^m70 de hauteur;

2° Le niveau normal maintenu à la cote 12^m40;

3° L'évacuation au dehors de La Valduc des $\frac{52}{100}$ des eaux mères.

115 — Si, au lieu d'admettre en 1863, comme dans le cas précédemment examiné, la tranche d'eau d'avivage de 0^m70 de hauteur, on ajourne cette admission à l'année suivante, et qu'on profite de la dépression produite par le détournement des eaux douces pour obtenir immédiatement une grande concentration des eaux de La Valduc, le niveau descendra, pour 1863, à la cote 12^m40. Le volume des eaux, qui était de 7 000 000 mètres cubes pour la cote de niveau 11^m70, sera diminué de celui d'une tranche d'eau de 0^m70 de hauteur, ou de $0{,}70 \times 3300000 = 2300000$ mètres cubes. Le volume correspondant à la cote 12^m40 sera donc de 4 700 000 mètres cubes.

On a vu, d'un autre côté (n° 110), que l'étang renfermera en dissolution, après la récolte de 1862 et pour celle de 1863 :

Sel marin	7 569 000qm
Sels étrangers	4 821 000
TOTAL	12 390 000qm.

La proportion correspondante des impuretés est $\frac{4821000}{12390000} = 0{,}389$,

— coefficient du tableau *D*, 0,980,

le poids de sels dissous par mètre cube serait alors $\frac{12390000}{4700000} = 2^{qm}636$,

et le degré de salure correspondant conclu du tableau *B* serait 22° 25.

A ce degré répond le coefficient 1,415 (tableau *C*).

La récolte de 1863, conclue de ces données, serait donc :

$$425000 \times 1{,}415 \times \frac{0{,}980}{1{,}110} = 531000^{qm}.$$

La succession des récoltes et les autres résultats consignés au tableau III s'obtiennent par un calcul en tout semblable à celui détaillé aux nos 113 et suivants, pour le cas où le niveau normal serait maintenu à la cote 11^m70.

Tableau IV.

4me cas. — Succession des récoltes en supposant :

1° L'étang avivé, à partir de 1863, par une tranche d'eau de mer de 0m50 de hauteur;

2° Le niveau normal à la cote 12m70;

3° L'évacuation au dehors de La Valduc des $\frac{52}{100}$ des eaux mères.

116 — Le volume d'une tranche d'avivage de 0m50 de hauteur serait égal à : 0,50 × 3300000 = 165000mc,

et l'apport annuel de sel marin et de sels étrangers serait alors :

Sel marin.............	0,277 × 165000 =	457000qm
Sels étrangers.........	0,082 × 165000 =	135000
	Total...........	592000qm.

Le calcul de la succession des récoltes, dans ce cas, est absolument le même, sauf cette donnée, que pour les cas précédents.

Tableau V.

5me cas. — Succession des récoltes en supposant :

1° L'étang avivé, à partir de 1863, par une tranche d'eau de mer de 0m90 de hauteur;

2° Le niveau normal maintenu à la cote 12m40,

3° L'évacution au dehors de La Valduc des $\frac{52}{100}$ des eaux mères.

117 — Dans l'hypothèse où la dérivation des eaux douces serait assez parfaite pour que la hauteur de la tranche d'avivage pût être portée à 0m90, le volume de celle-ci serait égal à 0,90 × 3300000 = 297000mc ; et elle apporterait chaque année dans La Valduc les poids de sels suivants :

Sel marin.............	0,277 × 297000 =	823000qm
Sels étrangers.........	0,082 × 297000 =	244000
	Total...........	1067000qm.

Le calcul de la succession des récoltes fait voir qu'en pareil cas, les résultats relatifs à l'année 1870 seraient les suivants :

Degré de salure des eaux 25° 05 (coefficient du tableau *C* 1,665).

Proportion des impuretés $\frac{358}{1000}$ (coefficient du tableau *D* 1,048).

$$\text{Récolte } 425000 \times 1,665 \times \frac{1,048}{1,110} = 668000^{qm}.$$

Les extractions correspondantes à cette récolte, calculées toujours comme au n° 109, à l'aide du tableau *F*, seraient les suivantes :

Extraction de sel marin.....	$(0,950 + 0,065) \times 668000^{qm}$	$= 678000^{qm}$
Extraction de sels étrangers.	$(0,028 + 0,297) \times 668000$	$= 217000$
		895000^{qm}

Le chiffre total de ces extractions est beaucoup moindre que celui des sels contenus dans la tranche d'avivage de 0^m90 de hauteur. Si celle-ci était introduite en entier pour 1871, il en résulterait donc un accroissement du degré, et comme celui-ci est parvenu à la limite de 25°, au delà de laquelle un nouvel accroissement serait défavorable et doit être empêché, il y aurait lieu de réduire, alors, la hauteur de la tranche d'avivage de telle sorte, que le poids total de sels apporté par elle fût seulement de 895 000 quintaux métriques, comme le poids total des extractions. Il résulte des chiffres ci-dessus, que cette hauteur devrait être égale à $0^m90 \times \frac{895000}{1067000} = 0^m76$.

Les poids de sels d'avivage introduits avec cette tranche d'eau seraient :

Sel marin................	$0,770 \times 895000$	$= 689000$
Sels étrangers............	$0,230 \times 895000$	$= 206000$
		895000

La comparaison de ces chiffres à ceux des extractions, donnés plus haut, montre que l'avivage apporterait un peu plus de sel marin et un peu moins de sels étrangers que n'en extrairait la fabrication. La composition des eaux continuerait donc à s'améliorer jusqu'à ce que l'égalité se fût établie entre l'extraction et l'apport de chacun de ces sels ; mais cette même comparaison fait voir que les différences seraient dès lors assez minimes, et que l'amélioration serait très-lente, par conséquent.

6me cas. — Succession des récoltes en supposant : Tableau VI.

1° L'étang avivé, à partir de 1863, par une tranche d'eau de mer de 0^m90 de hauteur ;

2° Le niveau normal maintenu à la cote 12^m40 ;

3° L'évacuation *complète* des eaux mères au dehors de La Valduc.

118 — L'apport de sels fait chaque année par l'avivage serait le même dans ce cas que dans le précédent ; mais le chiffre total des évacuations d'eaux

mères serait presque double. L'accroissement du degré serait donc moins rapide, et l'amélioration apportée à la composition des eaux le serait davantage au contraire. Le calcul de la succession des récoltes et la comparaison des tableaux V et VI, qui en résument les résultats, démontrent qu'il y aurait à peu près compensation sous le rapport du chiffre de celles-ci pendant les premières années, mais qu'à partir de la huitième année d'avivage, l'avantage resterait à l'hypothèse actuelle, parce qu'il serait indéfiniment possible d'introduire dans La Valduc toute la tranche d'avivage de 0m90 de hauteur. Ce calcul est d'ailleurs absolument le même que dans les cas précédemment examinés, avec cette seule différence, que les extractions correspondantes à chaque récolte, au lieu d'être calculées à l'aide du tableau *F*, doivent l'être, au cas actuel, à l'aide du tableau *E*.

NOTE I

Calcul de l'équilibre de salure.

119 — Le calcul de la succession des récoltes fait voir que, dans les divers cas précédemment examinés, l'avivage aura pour résultat : 1° d'accroître peu à peu le degré de salure des eaux, parce que l'apport de sels fait à l'étang sera supérieur au chiffre des extractions actuelles; et 2° d'améliorer peu à peu la composition des eaux, parce que les sels étrangers se trouvent en proportions moindres dans les masses apportées que dans les masses extraites. — Ces deux améliorations auront évidemment chacune leur limite; et cette limite sera atteinte lorsque *les poids de sel marin et de sels étrangers constituant les extractions seront* respectivement et séparément *égaux aux poids de sel marin et de sels étrangers fournis par l'avivage*. De ce jour, l'équilibre de salure sera établi, et il ne pourrait plus être dérangé que si l'abondance de l'avivage ou l'étendue des salins qui s'alimentent à La Valduc, ou enfin la proportion dans laquelle les eaux mères sont évacuées au dehors de l'étang, venaient à se modifier.

120 — Cet équilibre de salure se détermine aisément par la condition qui vient d'être posée. — On verra tout à l'heure que la proportion d'impuretés qui lui correspond dépendra uniquement *de la proportion dans laquelle se fera, elle-même, l'évacuation des eaux mères au dehors de l'étang*, et l'on examinera successivement ici la question dans chacune des trois hypothèses suivantes : 1° Évacuation au dehors de La Valduc des eaux mères des deux salins de Citis et de Rassuen, ou des $\frac{52}{100}$ des eaux mères ; 2° évacuation totale des eaux mères; 3° évacuation des seules eaux mères de Rassuen, formant les $\frac{22}{100}$ de la totalité des résidus de la fabrication.

1re Hypothèse. — Évacuation des $\frac{52}{100}$ des eaux mères.

121 — Dans les eaux d'avivage, qui sont des eaux de mer, le poids des sels étrangers est le $\frac{296}{1000}$ du poids du sel marin (n° 74). Tel devra être aussi, d'après la condition qui vient d'être posée (n° 119), le rapport des poids de sels étrangers et de sel marin *extraits* pour la fabrication, lorsque l'équilibre de salure sera établi.

Le tableau *F* donne le moyen de déterminer, par le tâtonnement suivant, à quelle proportion d'impuretés dans La Valduc répondra ce rapport entre les poids de sels étrangers et de sel marin extraits à chaque récolte. Proportion des sels étrangers.

Ainsi, et conformément à ce qui a été dit au n° 109, pour la proportion d'impuretés $\frac{360}{1000}$, par exemple, les extractions de sel marin et de sels étrangers correspondantes à chaque quintal métrique de récolte seraient respectivement :

Sels étrangers (0qm 028 + 0qm 300) = 0qm 328.
Sel marin (0qm 950 + 0qm 066) = 1qm 016.

Le rapport de ces poids est $\frac{0.328}{1.016} = 0.322$. — Ce dernier chiffre, comparé au chiffre ci-dessus, 0.296, montre que quand les sels étrangers formeront les $\frac{360}{1000}$ de la totalité des sels dissous dans La Valduc, ces sels seront en proportion plus grande dans les masses extraites par la fabrication que dans celles apportées par l'avivage ; que, par conséquent la composition des eaux continuera à s'améliorer ; que, par conséquent aussi, l'équilibre de salure répond à une proportion de sels étrangers moindre que $\frac{360}{1000}$.

Une appréciation pareille conduit à reconnaître que l'inverse aurait lieu dans la supposition où les sels étrangers ne formeraient plus que les $\frac{330}{1000}$ de la totalité des sels dissous dans l'étang, — ce qui veut dire : qu'à l'équilibre de salure, correspondra une proportion d'impuretés plus grande que $\frac{330}{1000}$, et comprise entre $\frac{330}{1000}$ et $\frac{360}{1000}$.

Enfin, pour la proportion $\frac{340}{1000}$, le rapport des poids des sels étrangers et de sel marin extraits par quintal métrique de récoltes sera, d'après le tableau *F* :

$$\frac{0.028 + 0.271}{0.950 + 0.059} = \frac{0.299}{1.009} = 0.2963$$

Ce rapport diffère à peine de celui du poids de sel marin et de sels étrangers renfermés dans les eaux d'avivage. Cette proportion $\frac{340}{1000}$ sera donc celle correspondante à l'équilibre de salure.

Degrés des eaux pour une tranche d'avivage de 0^m70 de hauteur.

122 — Quel sera, maintenant, le degré des eaux? — Celui-ci dépendra du plus ou moins d'abondance de l'apport fait par l'avivage. Ainsi, en supposant une tranche d'avivage de $0^m 70$ de hauteur, l'apport de sels sera, comme on l'a vu n° 112 :

Sel marin.............	640000^{qm}
Sels étrangers.........	190000
TOTAL........	830000^{qm}

Les eaux de La Valduc gagneront en degré jusqu'à ce que ce poids total de 830000^{qm} soit extrait par la fabrication. Or on vient de voir qu'avec la proportion d'impuretés $\frac{340}{1000}$, l'extraction correspondante à chaque quintal métrique de récolte se composera de $1^{qm}009$ de sel marin et 0^{qm} 299 de sels étrangers, soit, en tout, 1^{qm} 009 + 0^{qm} 299 = 1^{qm} 308 : — c'est-à-dire, qu'en désignant par R la récolte lorsque l'équilibre de salure sera établi, l'extraction correspondante sera 1.308 R. Cette extraction devant être égale à l'apport de 830 000^{qm} fait par l'avivage, il en résulte que :

$$R = \frac{830000}{1.308} = 634500^{qm}.$$

Si, par conséquent, l'on désigne par X le coefficient du degré correspondant à l'équilibre de salure, et si l'on observe que le coefficient du tableau *D*, correspondant à la proportion d'impuretés $\frac{340}{1000}$ est 1.088, il résulte de ce qui a été dit aux n°s 98 et 108 que ce coefficient X sera déterminé par la condition :

$$425000 \times X \times \frac{1.088}{1.110} = 634500$$

On en tire X = 1.523 ;
et l'on conclut du tableau *C* que le degré correspondant est 23° 45.

Ainsi, à l'équilibre de salure, répondent, dans le cas actuel, le degré 23° 45, — la proportion d'impuretés $\frac{340}{1000}$, — et une récolte limite de 634500^{qm}.

123 — Il est facile de vérifier ces résultats.

Au degré et à la proportion d'impuretés ci-dessus, correspondent les coefficients 1.523 et 1.088; la récolte sera donc : 1re Vérification.

$$425000 \times 1.523 \times \frac{1.088}{1.110} = 634500^{qm}.$$

A cette récolte répondent, d'après le tableau *F*, les extractions suivantes :

Sel marin....	(0.950 + 0.059) × 634500 =	640300qm
Sels étrangers	(0.028 + 0.271) × 634500 =	189700
	Total...........	830000qm

Ces derniers chiffres ne présentent, avec ceux des poids de sel marin et de sels étrangers apportés par l'avivage, d'autres différences que celles résultant des décimales négligées dans le calcul.

124 — L'étang, recevant chaque année, les eaux d'avivage, et les $\frac{48}{100}$ des eaux mères des salins, la totalité de ces eaux devra nécessairement constituer, lorsque l'équilibre de salure sera établi, *un mélange où les sels étrangers forment, de même que dans l'eau de La Valduc, les $\frac{340}{1000}$ de la totalité des sels dissous*; car, autrement, cette dernière proportion s'altérerait. Il y a lieu de vérifier si cette condition sera remplie. 2e Vérification.

Le tableau *E* (no 96) montre que, pour la proportion d'impuretés $\frac{340}{1000}$ dans La Valduc, les poids de sel marin et de sels étrangers rejetés des salins avec les eaux mères seront respectivement, par quintal métrique de récolte, 0qm114 et 0qm523.

L'étang recevra donc alors chaque année les poids de sels ci-dessous :

Poids de sel marin fourni par l'avivage (no 123)..	640 300qm	675 000qm
Poids de sel marin renfermé dans les $\frac{48}{100}$ des eaux mères, et égal à 0,48 × 0,114 × 634 500...... =	34 700qm	
Poids de sels étrangers fourni par l'avivage.....	189 700qm	349 000qm
Poids de sels étrangers renfermé dans les $\frac{48}{100}$ des eaux mères, et égal à 0,48 × 0,523 × 634 500.... =	159 300qm	
Total..................		1 023 000qm

La proportion des sels étrangers dans la masse totale est $\frac{349000}{1023000} = 0,341$. — De même que dans l'autre vérification, la différence entre ce dernier chiffre et celui de $\frac{340}{1000}$ trouvé par le calcul de l'équilibre de salure (no 121), ne provient que des décimales négligées dans les calculs.

125 — Il est clair que les conditions de l'équilibre de salure sont tout à fait indépendantes de la hauteur à laquelle sera établi le niveau normal de l'étang. Seulement, cet état d'équilibre sera atteint d'autant plus vite que ce niveau sera plus bas.

Degrés des eaux pour des tranches d'avivage de 0m90 et de 0m50 de hauteur.

126 — Dans le cas où la hauteur de la tranche d'avivage pourrait être portée à 0m90, le calcul de la succession des récoltes a fait voir (n° 117) que la salure de l'étang s'élèverait à 25° après quelques années ; et qu'il y aurait lieu de maintenir ensuite indéfiniment ce degré, en réduisant la hauteur de la tranche d'eau de mer admise chaque année dans l'étang.—L'équilibre de salure répondrait donc alors au degré 25 et à la proportion d'impuretés $\frac{340}{1000}$; et l'on reconnaît, comme au n° 108, que la récolte correspondante serait :

$$425000 \times 1,665 \times \frac{1,088}{1,110} = 693000^{qm}.$$

On a vu tout à l'heure qu'avec la proportion d'impuretés $\frac{340}{1000}$, l'extraction totale serait de 1qm308 par quintal métrique de récolte. Pour les 693000qm ci-dessus, elle serait donc 1qm308 × 693000 = 906000qm ; et il résulte de ce dernier chiffre, comparé à celui, 1067000qm, du poids des sels dissous dans une tranche d'eau de mer de 0m90 (n° 117), que la hauteur d'avivage nécessaire pour maintenir l'équilibre de salure serait $0^{m}90 \times \frac{906000}{1067000} = 0^{m}765$.

127 — Si la hauteur de la tranche d'avivage se réduisait à 0m50, on reconnaît, par une appréciation semblable à celle du n° 122, qu'à l'équilibre de salure, correspondraient—le degré 18°20,—la proportion d'impuretés $\frac{340}{1000}$, — et une récolte limite de 452000qm.

2e Hypothèse. — Évacuation complète des eaux mères.

128 — Si la totalité des eaux mères des salins était évacuée au dehors de La Valduc, il est clair *à priori* que l'amélioration apportée par l'avivage à la composition des eaux se poursuivrait jusqu'à ce que les sels étrangers et le sel marin s'y trouvassent dans les mêmes proportions que dans l'eau de mer, où les premiers forment les $\frac{230}{1000}$ de la totalité des sels dissous.

Dans cette hypothèse, et pour le cas où la hauteur de la tranche d'avivage serait de 0m70, on trouve, par un calcul pareil à celui du n° 122, mais en substituant les données du tableau *E* (n° 96) à celles du tableau *F*, que les conditions de l'équilibre de salure seraient les suivantes :

Proportion des impuretés $\frac{230}{1000}$;

Degré de salure 20°50 ;
Récolte limite 629,000^{qm}.

Dans l'hypothèse où les $\frac{52}{100}$ seulement des eaux mères seraient évacués, et où la tranche d'avivage aurait toujours 0^{m}70 de hauteur, on a reconnu (n° 122) que la récolte limite serait de 634 500^{qm}. — La petite différence de ce chiffre au précédent provient de ce qu'au cas actuel, les évacuations emporteraient avec elles une partie un peu plus grande des 640 000^{qm} de sel marin apportés par l'avivage.

On reconnaît de même qu'avec une tranche d'avivage de 0^{m}50 et une évacuation totale des eaux mères, la récolte limite serait de 448 000^{qm}.

129 — Si la tranche d'avivage s'élevait à 0^{m}90 de hauteur, l'évacuation totale des eaux mères aurait pour effet d'accroître beaucoup le chiffre de la récolte limite, évalué ci-dessus (n° 126), à 693000^{qm}, pour le cas d'une évacuation incomplète ; parce qu'il serait possible, alors, d'utiliser indéfiniment la tranche d'eaux de mer de 0^{m}90 qu'il y avait lieu de restreindre, dans l'autre cas, à 0^{m}76 après quelques années.

On trouve, par un calcul pareil à celui du n° 122, que les conditions de l'équilibre de salure seraient alors les suivantes :

Proportion des impuretés $\frac{230}{1000}$;
Degré de salure 24°20 ;
Récolte limite 810,000^{qm}.

3e Hypothèse. — Évacuation des $\frac{22}{100}$ des eaux mères.

130 — Cette troisième hypothèse se rapporte au cas où, le grand salin de Citis n'évacuant pas ses eaux mères au dehors de La Valduc, celui de Rassuen resterait seul à les évacuer. En pareil cas, et d'après l'étendue de ce dernier salin comparée à l'étendue totale des salins de La Valduc, l'évacuation se réduirait aux $\frac{22}{100}$ de la totalité des eaux mères.

En réduisant dans cette même proportion les chiffres du tableau *E* (n° 96), on reconnait que les évacuations de sel marin et de sels étrangers correspondantes à chaque quintal métrique de sel récolté sur l'ensemble des salins seraient alors celles indiquées par le tableau suivant :

TABLEAU des poids de sel marin et de sels étrangers évacués au dehors de La Valduc avec les eaux mères du salin de Rassuen.

PROPORTION des sels étrangers.	ÉVACUATIONS par 100 kil. de récolte.		PROPORTION des sels étrangers.	ÉVACUATIONS par 100 kil. de récolte.	
	Sels étrangers.	Sel marin.		Sels étrangers.	Sel marin.
	q. m.	q. m.		q. m.	q. m.
0.380	0.141	0.031	0.460	0.214	0.047
0.390	0.149	0.033	0.470	0.225	0.049
0.400	0.157	0.035	0.480	0.236	0.052
0.410	0.165	0.037	0.490	0.248	0.055
0.420	0.174	0.039	0.500	0.260	0.058
0.430	0.183	0.041	0.510	0.272	0.061
0.440	0.193	0.043	0.520	0.285	0.064
0.450	0.203	0.045			

Le calcul de la succession des récoltes, fait dans l'hypothèse dont on s'occupe ici, et en supposant une tranche d'avivage de 0m 70 de hauteur, montre qu'en pareil cas la proportion des sels étrangers dans l'étang, loin de se réduire peu à peu par l'avivage, s'accroîtrait au contraire; — qu'après 12 ans, la salure atteindrait 25 degrés, — et qu'il y aurait lieu, par conséquent, à partir de cette époque, de réduire le volume de l'avivage.

En renouvelant, le même tâtonnement qu'au n° 121, on reconnaît que l'altération des eaux ne s'arrêterait que quand les sels étrangers formeraient dans La Valduc les $\frac{510}{1000}$ de la totalité des sels dissous.

On reconnaît enfin, qu'à l'équilibre de salure, correspondrait une récolte de 446 000 quint. m.—Ce dernier chiffre, comparé à celui de 634 500 quint. m. trouvé ci-dessus (n° 122), pour le cas d'un avivage égal, mais en supposant que Citis évacue toutes ses eaux mères, montre à quel point cette évacuation importe à l'avenir des établissements salins.

NOTE K

Variations du prix de revient du sel avec le chiffre des récoltes.

131 — Les frais de fabrication du sel à La Valduc se composent : 1° des dépenses à peu près fixes habituellement classées sous le titre de frais généraux, telles que : frais d'entretien des salins, des bâtiments et des machines, contributions, préparation annuelle des tables et chauffoirs, fournitures diverses, traitements des directeurs d'établissements, sauniers, chauffeurs et mécaniciens; 2° des frais de levage et de mise en camelles de la récolte, frais qui varient en proportion du chiffre de celle-ci; 3° enfin, des frais de combustible pour la marche des pompes élévatoires. Ceux-ci varient aussi avec le chiffre de la récolte, mais dans des limites restreintes, parce que les quantités d'eau à mettre en œuvre pour le salinage ne varient, elles-mêmes, qu'entre des limites assez resserrées. (nos 83 et 102).

Prix de revient pour une récolte de 425000 qm.

132 — Lors de l'enquête législative de 1851, et alors que des récoltes, avec le degré de salure moyen 17° et la proportion d'impuretés $\frac{330}{1000}$ s'élevaient, en moyenne, à 425 000 quint. m. pour l'ensemble des salins de La Valduc, les prix de revient déclarés par les établissements de Rassuen et du Plan d'Aren étaient, pour Rassuen, de 0f 45, et pour le Plan d'Aren, 0f 50, non compris l'intérêt et l'amortissement des capitaux engagés. — On adoptera pour terme de comparaison, dans les évaluations qui vont suivre, le plus élevé de ces deux chiffres. Il en résultera que ces évaluations seront plutôt un peu fortes que faibles ; mais ce n'est pas ici un inconvénient, puisque l'appréciation des résultats promis par l'avivage, que l'on a définitivement en vue, en sera légèrement amoindrie. Il est à remarquer, d'ailleurs, qu'il s'agit beaucoup moins ici, comme dans tout ce travail, d'évaluations absolues que d'évaluations comparatives.

Les frais de levage et de mise en camelles s'élèvent, en moyenne, à 0.145 par quintal métrique de sel récolté; — et dans l'état actuel des choses, les frais de combustible peuvent s'évaluer, en moyenne, à 0f 15. Or en comparant les poids d'eau à mettre en œuvre pour la fabrication d'un quintal métrique de sel, — avec des eaux à 15 degrés renfermant $\frac{380}{1000}$ d'impuretés, — et avec des eaux à 17 degrés où la proportion des impuretés était de $\frac{330}{1000}$, —

on en conclut que, dans ce dernier cas, les frais de combustible par quintal métrique de récolte se réduisent à 0f 12 (1).

Le prix de revient de 0 fr. 50 pour une récolte de 425 000qm se décompose donc à peu près comme il suit :

Frais généraux	0 fr.	235
Frais de combustible	0	120
Frais de levage et mise en camelles	0	145
Total	0 fr.	500

Prix de revient pour une récolte de 340000qm.

133 — De cette donnée, il est facile de conclure les prix de revient correspondants à tous les états de la salure et de la composition des eaux de l'étang.

Ainsi, avec le degré de salure 15°50 et la proportion d'impuretés $\frac{380}{1000}$, l'appréciation du n° 108 a montré que la récolte probable sera de 340000qm. — Quel sera le prix de revient?

1° Les frais généraux, qui s'élèvent à 0,235 par quintal métrique pour une récolte de 425000qm, seront, pour celle de 340000qm, de $0^f235 \times \frac{425000}{340000} = 0,294$ 0 294

2° D'un autre côté, on a reconnu n° 101 que, pour la récolte ci-dessus de 425000qm, le poids d'eau de La Valduc à mettre en œuvre était de 3960000qm ; et l'on reconnaît, par une appréciation pareille à celle du n° 99, qu'au cas actuel, et pour une récolte de 340 000qm, le poids d'eau à mettre en œuvre sera de 3 862 000qm.

Le rapport de ces poids est $\frac{3862000}{3960000} = 0,975$;

Les frais de combustible seront donc, par quintal métrique de récolte, $0^f120 \times \frac{425000}{340000} \times 0,975 = 0^f146$ 0 146

3° Les frais de levage seront, comme toujours 0 145

Prix de revient 0f 585

(1) Avec des eaux à 15° renfermant $\frac{380}{1000}$ d'impuretés, la récolte conclue des tableaux C et D, comme au n° 108, est de 326 000qm, et l'on trouve, comme au n° 99, que le poids total des eaux à mettre en œuvre pour obtenir cette récolte est de 3 829 000qm.

Avec des eaux à 17°, renfermant $\frac{330}{1000}$ d'impuretés, la récolte est de 425 000qm, et le poids d'eau à mettre en œuvre est de 3 960 000qm (n° 101).

Les frais de combustible s'élevant, dans le premier cas, à $0^f15 \times 326\,000^{qm}$, s'élèveront dans le second à $0^f15 \times 326\,000 \times \frac{3\,960\,000}{3\,829\,000}$; et ces frais, par quintal métrique de récolte, dans le second cas, seront par conséquent :

$$0^f15 \times \frac{326\,000}{425\,000} \times \frac{3\,960\,000}{3\,829\,000} = 0^f0118.$$

Soit, en chiffres ronds, 0f12.

134 — Pour le cas de l'équilibre de salure examiné au n° 126, où la récolte limite s'élèverait à 693000qm et correspondrait au degré 25 et à la proportion d'impuretés $\frac{340}{1000}$, on a reconnu que le poids d'eau à mettre en œuvre serait de 4476000qm (n° 99), c'est-à-dire qu'il s'élèverait, par rapport à celui de 3960000qm, nécessaire pour une fabrication de 425000qm, dans le rapport $\frac{4476000}{3960000} = 1,13$. Prix de revient pour une récolte de 693000qm.

Les éléments du prix de revient, déduits de ceux du n° 132, seraient donc alors les suivants :

1° Frais généraux........ $0^f235 \times \frac{425000}{693000} = 0^f144$.......... 0^f144

2° Frais de combustible... $0,120 \times \frac{425000}{693000} \times 1,13 = 0^f083$... 0 083

3° Frais de levage.. 0 145

Prix de revient.................... 0^f372

135 — Pour le plus favorable de tous les cas traités dans ce travail, celui où l'étang étant avivé par une tranche d'eau de mer de 0m90 de hauteur, et toutes les eaux mères étant évacuées au dehors de La Valduc, l'équilibre de salure correspondrait au degré 24°20 et à la proportion d'impuretés $\frac{230}{1000}$, auquel cas la récolte serait de 810 000qm (n° 129 et tableau VI), on trouve, par une appréciation en tout semblable aux précédentes, que les éléments du prix de revient seraient : Prix de revient pour une récolte de 210000qm.

1° Frais généraux .... 0^f123
2° Frais de combustible.................................. 0 070
3° Frais de levage... 0 145

Prix de revient.................... 0^f338

136 — Enfin, pour le cas où, l'étang n'étant pas avivé, la proportion des sels étrangers s'élèverait un jour à $\frac{500}{1000}$, tandis que le degré tomberait à 15°70 (tableau 1), auquel cas la récolte se réduirait à 250 000qm, on trouve que le prix de revient serait le suivant : Prix de revient pour une récolte de 250000qm.

1° Frais généraux .... 0^f399
2° Frais de combustible 0 199
3° Frais de levage et de mise en camelles............ 0 145

Prix de revient.......................... 0 743

137 — Des prix de revient relatifs aux divers cas qui viennent d'être examinés, il est facile de déduire ceux relatifs à tous les autres cas, sans recourir à de nouveaux calculs et par une interpolation pareille à celle du nº 82. C'est ainsi qu'ont été obtenus tous les prix de revient qui figurent dans les tableaux I à VI (1).

NOTE L

Appréciation des volumes d'eau des versants.

138 — La fraction des eaux pluviales qui, n'étant ni absorbées par le sol ni évaporées sur place, s'écoulent à la surface des versants pour se rendre au fond des bassins, varie avec la nature des terrains, leur perméabilité, leurs pentes, et les genres de culture dont ils sont recouverts. Elle varie aussi avec les circonstances météorologiques habituelles à la localité, et selon que les pluies se répartissent sur un plus ou moins grand nombre de jours; — et il ne serait pas possible d'en apprécier la valeur avec quelque précision, si l'on ne pouvait s'appuyer sur quelque donnée d'expérience locale. Mais on possède à ce sujet, pour les bassins du Poura et d'Engrenier, un fait d'expérience précieux. — Ce dernier étang, depuis 35 ans environ, est assujetti, comme on sait, à recevoir toutes les eaux pluviales que lui envoie le bassin du Poura. Un canal souterrain les lui amène, et une machine à vapeur a été établie au sud d'Engrenier pour évacuer, au besoin, à la mer, le trop-plein qui pourrait en résulter de temps à autre dans ce dernier étang. Or cette machine n'a jamais à fonctionner, parce que l'évaporation naturelle suffit pour entretenir dans Engrenier un niveau moyen à peu près constant. Cela veut dire qu'elle lui enlève autant d'eau qu'il en reçoit de son propre bassin et du bassin voisin du Poura. — De cette donnée d'expérience locale, il est d'abord facile de conclure approximativement le volume des eaux pluviales amenées à Engrenier par les versants dont il reçoit les eaux. — La salure de cet étang avant le dernier déversement partiel de ses eaux dans La Valduc, pouvait être évaluée, en moyenne, à 5 ou 6 degrés; et l'on peut conclure des données produites au nº 33, qu'avec cette salure, la hauteur de la tranche annuellement évaporée à sa surface est de 2m30. On sait, d'un autre côté, qu'il reçoit chaque année, de la pluie directe, une tranche d'eau de 0m60 de hau-

(1) Pour une exactitude absolue, il y aurait lieu de renouveler le calcul du prix de revient pour chaque cas particulier, parce qu'à la rigueur, et d'après ce qui a été dit des quantités d'eau à mettre en œuvre, celles-ci peuvent varier un peu, selon que les accroissements de récolte proviennent de l'amélioration du degré ou de celle de la composition des eaux; mais on s'est assuré que, pour tous les cas auxquels se rapportent les tableaux I à VI, les différences seraient tout à fait insignifiantes.

teur. Il ne reçoit aucune source ; — ses versants et ceux du bassin du Poura lui envoient donc une tranche d'eau de 1^m70 de hauteur.

139 — Or la superficie d'Engrenier est de 104 hectares, et celle des versants dont il reçoit les eaux est à peu près la suivante :

Bassin d'Engrenier, déduction faite de l'étang et des parties supérieures du versant Est, dont les eaux sont recueillies par le canal de vidange de Rassuen	100 hect.
Bassin du Poura..	800
TOTAL.............	900 hect.

La tranche d'eau de $1^m 70$ envoyée à Engrenier par ces 900 hectares de versants formerait donc, sur cette dernière superficie, une tranche d'une hauteur égale à $\frac{104}{900} \times 1^m 70 = 0^m 196$.

C'est-à-dire que, pour les bassins en question, la fraction des eaux pluviales qui échappe à l'absorption et à l'évaporation locales, et qui s'écoule à la surface des versants, est égale au tiers, à peu près, de la quantité de pluie tombée directement.—Cette proportion du tiers est assez généralement admise dans les appréciations de ce genre ; mais il n'était pas inutile de montrer qu'elle peut l'être avec confiance au cas actuel.

140 — Il en résulte qu'en évaluant, comme on l'a fait au n° 37, à 200 hectares la superficie des versants du bassin de La Valduc qui échappent à l'action des canaux de dérivation, la tranche d'eau envoyée par eux à l'étang, qui a 340 hectares de superficie, est égale à $0^m 196 \times \frac{200}{340} = 0^m 118$; et que la tranche envoyée par les 300 hectares du bassin de Citis, dont les eaux se rendent aujourd'hui à La Valduc est égale à $0^m 196 \times \frac{300}{340} = 0^m 176$;

Qu'enfin, la hauteur de la tranche envoyée par ces 500 hectares est de $0^m 118 + 0^m 176 = 0^m 294$.

NOTE M

Relation entre la hauteur de la tranche d'eaux douces détournée de l'étang et celle de la tranche d'avivage.

141 — Les tableaux III, IV et V et les diverses appréciations qui s'y rapportent font connaître les résultats à attendre de l'avivage selon l'abondance de celui-ci. — Pour se rendre également compte du plus ou moins d'importance de ces résultats, selon que la dérivation des eaux douces sera plus ou moins complète, il y a lieu de rechercher quels seront les volumes d'avivage corespondants à chaque volume d'eaux douces détourné de l'étang.

La hauteur de la tranche d'avivage pourra être tantôt un peu plus forte, tantôt un peu moindre que celle de la tranche dérivée, parce qu'elle dépend aussi de la hauteur de la tranche évaporée à la surface de La Valduc, et que celle-ci variera avec le degré de concentration des eaux. Ainsi, on sait déjà que, dans l'état actuel des choses, et pour compenser la dépression moyenne annuelle du niveau, il serait possible, sans aucun travail de dérivation, d'introduire chaque année dans l'étang une tranche d'avivage de 0^m 20 environ de hauteur. Les appréciations des n°s 39 et 41 ont fait voir aussi que si l'on détournait de l'étang une tranche d'eaux douces de 0^m 60 de hauteur, la hauteur de la tranche d'avivage serait de 0^m 80 pour le degré de salure 17°, mais qu'elle diminuerait ensuite peu à peu, à mesure que la concentration ferait des progrès, et qu'elle se réduirait enfin à 0^m 72, lorsqu'un jour les eaux de La Valduc marqueraient 22 degrés.

Dérivation nécessaire pour une tranche d'avivage de 0^m 70.

142 — Un tâtonnement facile à faire d'après ce qui va être dit, conduit à reconnaître qu'une tranche d'avivage de 0^m 70 de hauteur suppose la dérivation d'une tranche d'eaux douces de hauteur à peu près égale, et dont le chiffre exact est de 0^m 69.

Ainsi, l'étang, qui reçoit aujourd'hui une tranche d'eaux douces de 1^m 80 (n° 34), n'en recevrait plus alors que 1^m 80 — 0^m 69 = 1^m 11;

Or en supposant, comme pour le cas du tableau III, le niveau normal établi à la cote 12^m 40 et la concentration des eaux ainsi portée à 22° 25 en 1863 (n° 115), on reconnaît, à l'aide des données produites au n° 33 sur l'évaporation des eaux salées à divers degrés, que la hauteur de la tranche évaporée à la surface de La Valduc serait alors de 1^m 74. — A cette hauteur s'ajouterait celle de la tranche de 0^m 10 prélevée par la fabrication (n° 103), de sorte que la hauteur totale prélevée par l'évaporation et par l'industrie serait alors de 1^m 84;

La tranche d'eaux douces encore reçues s'élevant à 1^m 11, il serait donc possible d'emprunter à la mer, pour l'avivage de l'étang, une tranche d'eau d'une hauteur égale à 1^m 84 — 1^m 11 = 0^m 73.

Mais cette hauteur de la tranche d'avivage diminuerait un peu à mesure que les eaux de La Valduc, en se concentrant, perdraient elles-mêmes un peu de leur faculté évaporatoire. Ainsi, pour le degré 23° 45, correspondant à l'équilibre de salure (n° 122), le tableau du n° 33 montre que la hauteur de la tranche évaporée se réduirait à 1^m 68; — la hauteur totale prélevée par l'évaporation et par l'industrie serait donc alors de 1^m 78, et la hauteur de la tranche d'avivage serait par conséquent 1^m 78 — 1^m 11 = 0^m 67.

Entre les deux limites ci-dessus de la salure, la hauteur moyenne de l'avivage serait donc enfin $\dfrac{0^m\,73 + 0^m\,67}{2} = 0^m\,70$.

143 — On reconnait également que le tableau IV, établi dans l'hypothèse d'une tranche d'avivage de 0m 50 de hauteur, se rapporte au cas où l'on détournerait de La Valduc une tranche d'eaux douces de 0m 40 de hauteur. Ainsi, en pareil cas, l'étang continuerait à en recevoir une tranche d'une hauteur égale à 1m 80 — 0m 40 = 1m 40; Dérivation nécessaire pour une tranche d'avivage de 0m 50.

Pour le degré de salure 21° 80 en 1864 (tableau IV), la hauteur de la tranche évaporée serait de 1m 76 et celle de la tranche prélevée par l'évaporation et l'industrie serait par conséquent de 1m 86;

La hauteur de la tranche d'avivage serait donc alors égale à :

1m 86 — 1m 40 = 0m 46.

Mais cette hauteur s'accroîtrait ensuite à mesure que le degré de salure s'abaisserait. — Au degré de salure 20° 50 qui, comme le montre le tableau IV, s'établirait dans l'étang après une dizaine d'années, correspondrait une hauteur d'évaporation de 1m 80, une tranche totale de 1m 90 prélevée par l'évaporation et l'industrie, et une hauteur d'avivage égale, par conséquent, à 1m 90 — 1m 40 = 0m 50. — Cette hauteur, qui s'accroîtrait encore un peu à mesure que le degré de salure de La Valduc diminuerait, peut donc être regardée comme la moyenne relative au cas d'une dérivation de 0m 40 d'eaux douces.

144 — Enfin, le tableau V se rapporte à très-peu près au cas où l'on parviendrait à détourner de La Valduc une tranche d'eaux douces de 0m94 de hauteur. — Dans ce cas, l'étang continuerait à en recevoir une tranche d'une hauteur égale à 1m80 — 0m94 = 0m86. Dérivation nécessaire pour une tranche d'avivage de 0m 90.

La hauteur totale prélevée par l'évaporation et l'industrie s'élevant, pour le degré de salure 22° 60, relatif à la première année d'avivage (tableau V), à 1m72 + 0m10 = 1m82, la hauteur de la tranche à emprunter à la mer serait donc alors de 1m82 — 0m86 = 0m96 :

Plus tard, la salure de La Valduc s'élevant à 25 degrés, et la hauteur de la tranche prélevée par l'évaporation et l'industrie se réduisant en conséquence à 1m60 + 0m10 = 1m70, celle de la tranche d'avivage se réduirait à 1m70 — 0m86 = 0m84 :

D'où il résulte, enfin, que la hauteur moyenne de la tranche d'avivage, entre les degrés de salure 22° 60 et 25 degrés, serait $\frac{0^m96 + 0^m84}{2} = 0^m90$.

145 — Ainsi, et en définitive, la hauteur d'avivage de 0m50 se rapporte à la dérivation d'une tranche d'eaux douces de 0m40 de hauteur; celle de 0m70 à la dérivation d'une tranche de 0m69; et celle de 0m90 à la dérivation d'une tranche de 0m94 de hauteur. Résultats d'une dérivation plus ou moins complète.

Ces chiffres, rapprochés de ceux consignés aux tableaux III, IV et V, permettent de se rendre clairement compte des effets définitifs d'une dérivation plus ou moins complète des eaux douces. Ainsi, par exemple, ces tableaux montrent que la somme des bénéfices futurs escomptés, ou, ce qui revient au même, la valeur industrielle des établissements salins, mesurée d'après ces bénéfices, sera :

Pour une tranche d'avivage de 0m50 de hauteur moyenne, répondant à la dérivation d'une tranche d'eaux douces de 0m40........... 2 586 000 fr.

Pour une tranche d'avivage de 0m70 de hauteur moyenne, répondant à la dérivation d'une tranche d'eaux douces de 0m69. 3 354 000

Pour une tranche d'avivage de 0m90 de hauteur moyenne, correspondant à la dérivation d'une tranche d'eaux douces de 0m94.. 3 885 000

De ces trois cas, il est facile de conclure les bénéfices correspondants à la dérivation de tranches intermédiaires entre celles indiquées ci-dessus, et c'est ainsi qu'a été formée la colonne *g* du tableau du n° 57, par une interpolation qui ne diffère en rien de celle dont on a donné un exemple au n° 82, et dont on juge inutile de reproduire ici le détail. C'est de la même manière, enfin, qu'ont été formées les colonnes *b*, *d*, *f* et *h* de ce tableau.

NOTE N

Frais d'évacuation des eaux mères.

Évacuation des eaux-mères de Citis.

146 — On a reconnu (n° 122) que, dans le cas où La Valduc serait avivée par une tranche d'eau de mer de 0m70 de hauteur, et où les $\frac{52}{100}$ des eaux mères des salins seraient évacuées au dehors de l'étang, la récolte correspondante à l'équilibre de salure serait de 634 000 quintaux métriques, et les évaluations de la note K font voir que le prix de revient correspondant serait de 0f392. — D'où il résulte qu'au prix de vente de 1f, le bénéfice par quintal métrique serait de 0f608, et le bénéfice net total, de 385 000 fr.

On a reconnu, d'un autre côté (n° 130), que, dans l'hypothèse où Citis renverrait ses eaux mères à La Valduc, et où Rassuen seul les évacuerait au dehors de l'étang, la récolte correspondante à l'équilibre de salure se réduirait à 446 000 quint. mét.; et les évaluations de la note K font voir que le prix de revient correspondant serait de 0f485. — En supposant encore un prix de vente de 1 fr., le bénéfice net par quintal métrique serait, dans ce cas, de 0f515, et le bénéfice net total serait de 230 000 fr.

Dans l'une et l'autre des hypothèses ci-dessus, et en supposant que le niveau normal fût établi à la côte 12m40, on voit par le tableau III que le bénéfice net correspondant à la récolte de 1863, serait de 297 000 fr. — Il en résulte que, dans le premier cas, celui où les eaux mères de Citis seraient évacuées, le bénéfice net moyen des futures récoltes serait à peu près $\frac{297000 + 385000}{2} = 341000^f$; et que, dans le second cas, celui où l'évacuation au dehors de La Valduc n'aurait pas lieu, le bénéfice net moyen se réduirait à $\frac{297000 + 230000}{2}$ 264000f (1).

En dernier résultat donc, et à ne considérer que les chiffres des récoltes sans avoir égard à leur qualité, l'évacuation des eaux mères de Citis dans La Valduc aurait pour conséquence de réduire, en moyenne, de 77,000 francs les bénéfices nets à attendre de l'avivage ci-dessus.

147 — La production du salin de Citis, qui occupe soixante hectares, sur la superficie totale de deux cents hectares des salins de La Valduc, doit être évaluée, d'après ces superficies, aux $\frac{30}{100}$ environ de la production totale de ceux-ci. La part de Citis dans la perte annuelle ci-dessus serait donc de $0,30 \times 77000^f = 23000^f$. — Or, quelle serait, pour ce même établissement, l'économie réalisée par l'évacuation de ses eaux mères au dedans plutôt qu'au dehors de La Valduc?

En supposant, comme ci-dessus, l'étang avivé par une tranche d'eau de mer de 0^m70 de hauteur, et le niveau normal fixé à la cote 12^m40, la récolte de 1863 serait de 531000^{qm} (tableau III). La récolte de Citis serait donc de $0,30 \times 531000^{qm} = 159000^{qm}$. La proportion des sels étrangers par rapport à la totalité des sels dissous serait alors $\frac{389}{1000}$ (nº 115); et l'on reconnait, à l'aide du tableau *E*, que l'évacuation totale correspondante à cette récolte serait égale à $(0^{qm}671 + 0,149) \times 159000 = 130000^{qm}$;

Dans l'hypothèse où l'on se place ici, et en supposant aussi que Citis évacue ses eaux mères au dehors de La Valduc, la récolte limite serait, pour l'ensemble des salins, de 634000^{qm} (tableau III), et, pour Citis seul, de $0,30 \times 634000^{qm} = 190000^{qm}$; et comme, à cette récolte limite, correspond la proportion d'impuretés $\frac{340}{1000}$, le tableau *E* montre que le poids des sels rejetés avec les eaux mères serait alors $(0^{qm}523 + 0^{qm}114) \times 190000 = 121000^{qm}$;

Il en résulte que le poids moyen des sels à évacuer avec les eaux mères de Citis serait $\frac{130000^{qm} + 121000^{qm}}{2} = 126000^{qm}$.

Ces eaux mères, supposées à 27 degrés, auraient donc un poids égal à $\frac{126000^{qm}}{0,27} = 467000^{qm}$:

Si, au lieu de les élever de 12 mètres, jusqu'à la cuvette du souterrain du Ranquet, on les déversait dans le fossé établi pour l'amenée des eaux salées,

(1) Cette manière d'évaluer le bénéfice net moyen n'est pas tout à fait rigoureuse, parce qu'elle ne tient pas compte de l'époque à laquelle les divers bénéfices seront réalisables; mais elle est très-suffisamment approximative pour l'appréciation que l'on a ici en vue.

d'où elles retourneraient à La Valduc, on aurait seulement à les élever de 4 mètres, et l'on y gagnerait 8 mètres d'élévation. Or l'économie correspondante peut s'évaluer à peu près comme il suit :

148 — Sur les salins de La Valduc, pour la récolte moyenne de 425000^{qm}, correspondante au degré de salure moyen 17° et à la proportion d'impuretés $\frac{330}{1000}$, les frais de combustible nécessaires pour l'élévation des eaux mises en œuvre s'élèvent, en moyenne, à $0^{f}12$ par quintal métrique de sel fabriqué (n° 132). — D'un autre côté, on a vu (n° 97) que dans ces conditions il faut, pour la fabrication d'un quintal métrique de sel, mettre en œuvre un volume d'eau de l'étang renfermant $1^{qm}582$ de sels en dissolution, et dont le poids est égal, par conséquent, à $\frac{1^{qm}582}{0,17} = 9^{qm}305$. Les frais de combustible par quintal métrique d'eau élevée sur les salins, sont donc, en moyenne, de $\frac{0^{f}12}{9,305} = 0^{f}0129$. — La hauteur d'élévation peut être estimée, en moyenne, à 16 mètres, au moins, pour l'ensemble des salins ; et ces mêmes frais se réduiraient, par conséquent, à moitié, ou à $0^{f}0065$ pour une hauteur de 8 mètres.

149 — L'économie de combustible à réaliser pour rejeter au dedans, plutôt qu'au dehors de La Valduc, les eaux mères de Citis, serait donc, enfin, à peu près égale à $0^{f}0065 \times 467000 = 3035^{f}$. — Que l'on double ce dernier chiffre, qu'on le triple, si l'on veut, et il restera encore évident qu'au seul point de vue des intérêts de Citis, ce serait là une économie fort mal entendue. — Et l'on en sera plus convaincu encore, si l'on ne perd pas de vue que, dans l'évaluation du n° 146, on a fait abstraction de cette circonstance, que la qualité des récoltes s'altérait en même temps que la pureté des eaux de La Valduc, et jusqu'au point de cesser, peut-être, un jour, d'être encore acceptable.

Évacuation des eaux-mères des trois salins du Plan d'Aren, d'Arcussia et de la Cie Daguin.

150 — On va voir que l'évacuation au dehors de La Valduc des eaux mères des trois salins du Plan d'Aren, de Forbin et de la Cie Daguin, ne serait pas non plus bien coûteuse.

La production de ces trois salins, qui occupent ensemble 80 hectares, sur les 200 hectares de superficie totale des salins de la Valduc (n° 9), forme les $\frac{40}{100}$ de la production totale de ceux-ci.

Si l'on suppose toujours le cas où l'étang serait avivé par une tranche d'eau de mer de $0^{m}70$ de hauteur, et où le niveau normal serait fixé à la cote $12^{m}40$, auquel cas la récolte s'élèverait, en 1863, à 531000^{qm} pour l'ensemble des salins (tableau III), la production correspondante des trois salins ci-dessus serait de $0,40 \times 531000^{qm} = 212000^{qm}$;

Et il résulte du tableau *E* que le poids des sels évacués avec les eaux mères serait, pour la proportion d'impuretés $\frac{389}{1000}$, dans La Valduc :

$$(0^{qm}671 + 0^{qm}149) \times 212000 = 174000^{qm}.$$

Le poids correspondant des eaux mères, supposées à 27°, serait donc de $\frac{174000^{qm}}{0,27} = 644000^{qm}$.

En supposant enfin que la hauteur d'élévation de ces eaux mères jusqu'aux canaux de vidange fût à peu près de 16 mètres, comme pour les eaux élevées de l'étang sur les salins, les frais de combustible, évalués, comme pour celles-ci, à raison de 0f0129 par quintal métrique d'eau élevée, seraient de $0^{f}0129 \times 644000 = 8300^{f}$.

Cette dépense devant être supportée en commun par tous les salins, et au prorata de leur production, il en résulte qu'à la récolte totale de 531000qm, correspondrait un accroissement de frais égal, par quintal métrique, à $\frac{8300^{f}}{531000} = 0^{f}0156$ (1).

Il est facile de s'assurer, par un calcul tout à fait pareil au précédent, que le poids des eaux mères à évacuer se réduirait encore à mesure que les eaux de l'étang se purifieraient.

En supposant que l'amélioration apportée à la qualité des sels améliorât seulement de 0f05 leur prix de vente, il en résulterait, pour la récolte ci-dessus, un accroissement de bénéfice, $0^{f}05 \times 531000^{f} = 26500^{f}$, pour un accroissement de dépense de 8300 fr.

(1) Il est possible de vérifier, comme il suit, l'exactitude des chiffres de la présente évaluation.

On sait que la récolte s'élève, en moyenne, à 0qm50 par mètre carré de table mise en saunaison, ou à 5000qm par hectare de tables salantes.

La récolte de 212000qm des trois salins du Plan d'Aren, d'Arcussia et de la Cie Daguin résulterait donc d'une étendue de tables salantes égale à $\frac{212000}{5000} = 42^{\text{hectares}}40$.

Or en évaluant à 0m12 la hauteur de la tranche d'eaux mères qui recouvre les tables salantes, le volume total de ces eaux mères serait égal à $0.12 \times 424000 = 508800$ mètres cubes ;

Le mètre cube de ces eaux à 27° pèse (tableau A) 12qm308 ; — leur poids total serait donc $12^{qm}308 \times 508800 = 626000^{qm}$.

Ce dernier chiffre, on le voit, diffère très-peu de celui de 644000qm, obtenu par l'évaluation du n° 150.

Note O

Concordance des évaluations de ce travail avec les données pratiques admises sur les salins du Midi.

151 — On sait que, sur les salins de la Méditerranée, la récolte moyenne est évaluée à raison d'un *minot*, ou un demi-quintal métrique de sel par mètre carré de table salante mise en saunaison : tel est le résultat démontré par une vieille expérience et généralement admis sur les salins. — On a vu, d'un autre côté, que la superficie utile des salins de La Valduc est de 170 hectares. — Il en résulte donc que, si la totalité de ces 170 hectares était occupée par des tables salantes, si, en d'autres termes, la saunaison pouvait se faire avec des eaux ayant la même composition que celles de la mer, et concentrées à 25 degrés, auquel cas il deviendrait inutile de réserver aucun espace pour les chauffoirs, la récolte serait égale à $0^{qm}50 \times 1700000 = 850000^{qm}$.

Cette donnée pratique fournit un moyen de vérifier les évaluations de ce travail relatives à la succession des récoltes. — Quel serait, en effet, d'après ces évaluations, le chiffre de la récolte correspondante au degré de salure 25° et à la proportion d'impuretés $\frac{230}{1000}$, qui est celle de l'eau de mer ? — Le coefficient du tableau *C* relatif au degré 25 est 1,665, et le coefficient du tableau *D* relatif à la proportion d'impuretés $\frac{230}{1000}$ est 1,332 ; le chiffre de la récolte, conclu de ces données comme aux nos 98 et 108, serait donc :

$$425000 \times 1,665 \times \frac{1,332}{1,110} = 850000^{qm}.$$

Le résultat de cette évaluation se trouve parfaitement d'accord avec le résultat pratique dont il vient d'être parlé.

Cette concordance est la confirmation la plus satisfaisante qui puisse être désirée, non-seulement de l'exactitude de cette dernière évaluation, mais de toutes celles relatives à la succession des futures récoltes et aux récoltes limites. Il est clair, en effet, que, si l'on renouvelait tous les calculs de ce travail dans un ordre inverse, et en prenant pour point de départ et pour terme de comparaison la récolte de 850000^{qm} conclue de la donnée pratique ci-dessus, on retomberait exactement sur les résultats déjà obtenus.

L'exactitude des évaluations des notes D et E, relatives à l'influence du degré de salure ou de la pureté des eaux sur le chiffre des récoltes, et celle des tableaux qui en résument les résultats, se trouve également confirmée par la précédente vérification.

Remarquons d'ailleurs à ce sujet que, sur les salins, la mise en saunaison des tables est successive ; qu'après le levage de la récolte sur celles qui ont été *mises* les premières, il est généralement possible de les remettre en saunaison, et qu'on en obtient ainsi une seconde récolte, dont l'abondance varie selon qu'elle a pu être entreprise plus ou moins tôt, que le nombre des tables sur lesquelles elle est possible est plus ou moins grand, et que la saison favorable se prolonge plus ou moins. — Le chiffre ci-dessus de 850000^{qm} de récolte avec des eaux à 25°, composées comme l'eau de mer, est relatif seulement à la première récolte. — Il en est à peu près de même de celui de 425000^{qm} avec des eaux à 17° renfermant $\frac{330}{1000}$ d'impuretés ; car, dans ce dernier cas, le chiffre réel de la production totale à La Valduc est plutôt 450000^{qm}. — Il en résulte donc que toutes les évaluations de ce travail relatives aux chiffres des récoltes, selon le degré de richesse et de pureté des eaux de l'étang, sont plutôt un peu amoindries qu'exagérées, comme il convenait dans une appréciation industrielle.

TABLE DES MATIÈRES.

TABLEAU I.

Succession des futures récoltes en supposant :

Que l'étang ne soit pas avivé, et que les déversements d'eaux étrangères soient empêchés jusqu'en 1868.

ANNÉES des RÉCOLTES. *a*	NIVEAU de l'étang. *b*	DEGRÉ de salure. *c*	PROPORTION des sels étrangers. *d*	RÉCOLTES. *e*	PRIX de revient. *f*	BÉNÉFICE NET par quintal métrique. *g*	BÉNÉFICES nets TOTAUX. *h*	NOMBRE d'années. *i*	BÉNÉFICES NETS escomptés à 10 p. °/o à 1862. *k*
	m.			q. m.	fr.	fr.	fr.		fr.
1861.......	11.46	15°50	0.380	340,000	0.585	0.415	141,000	»	»
1862.......	11.66	16.30	0.384	359,000	0.556	0.444	159,000	»	»
1863.......	11.86	17.15	0.389	379,000	0.536	0.464	176,000	1	160,000
1864.......	12.06	18.20	0.394	402,000	0.516	0.484	195,000	2	161,000
1865.......	12.26	19.40	0.400	431,000	0.494	0.506	218,000	3	164,000
1866.......	12.46	20.90	0.407	468,000	0.471	0.529	247,000	4	169,000
1867.......	12.66	21.70	0.415	511,000	0.450	0.550	281,000	5	175,000
1868.......	12.86	23.05	0.424	563,000	0.422	0.578	325,000	6	183,000
1869.......	Id.	23.15	0.436	497,000	0.457	0.543	270,000	7	149,000
1870.......	Id.	21.40	0.449	434,000	0.491	0.509	221,000	8	103,000
1871.......	Id.	19.80	0.461	380,000	0.535	0.465	177,000	9	75,000
1872.......	Id.	18.30	0.474	332,000	0.590	0.410	136,000	10	52,000
1873.......	Id.	17.00	0.487	288,000	0.660	0.340	98,000	11	34,000
1874.......	Id.	15.70	0.500	250,000	0.743	0.257	64,000	12	20,000
1875.......	Id.	14.60	0.513	222,000	0.825	0.175	39,000	13	11,000
				5,856,000					
TOTAL DES BÉNÉFICES NETS FUTURS à partir de 1863, escomptés à 10 p. 0/0....									1,456,000

TABLEAU II.

Succession des futures récoltes en supposant :

1° L'étang avivé, à partir de 1863, par une tranche d'eau de mer de 0m 70 de hauteur.
2° Le niveau normal maintenu à la cote 11m 70.
3° L'évacuation des $\frac{52}{100}$ des eaux mères au dehors de La Valduc.

APPORT ANNUEL DE L'AVIVAGE... { Sel marin....... 640,000qm ; Sels étrangers... 190,000 } 830,000qm

ÉQUILIBRE DE SALURE.

Degré des eaux de l'étang......... 23° 45
Proportion des sels étrangers....... $\frac{340}{1000}$

Récolte limite................ 634,000qm
Prix de revient....... 0f 392
Bénéfice net................. 385,000f

ANNÉES des RÉCOLTES.	NIVEAU de l'étang.	DEGRÉ de salure.	PROPORTION des sels étrangers.	RÉCOLTES.	PRIX de revient.	BÉNÉFICE NET par quintal métrique.	BÉNÉFICES nets TOTAUX.	NOMBRE d'années.	BÉNÉFICES NETS escomptés à 10 p. % à 1862.
a	*b*	*c*	*d*	*e*	*f*	*g*	*h*	*i*	*k*
	m.			q. m.	fr.	fr.	fr.		fr.
1863.......	11.70	16°70	0.378	376,000	0.539	0.461	175,000	1	157,000
1864.......	Id.	17.00	0.374	389,000	0.526	0.474	184,000	2	152,000
1865.......	Id.	17.35	0.370	401,000	0.517	0.483	194,000	3	146,000
1866.......	Id.	17.70	0.367	413,000	0.508	0.492	203,000	4	139,000
1867.......	Id.	18.00	0.364	424,000	0.500	0.500	212,000	5	132,000
1868.......	Id.	18.25	0.361	435,000	0.491	0.509	221,000	6	125,000
1869.......	Id.	18.50	0.359	445,000	0.484	0.516	230,000	7	118,000
1870.......	Id.	18.75	0.357	455,000	0.478	0.522	238,000	8	111,000
1871.......	Id.	19.00	0.355	464,000	0.472	0.528	245,000	9	104,000
1872.......	Id.	19.25	0.354	472,000	0.469	0.531	251,000	10	97,000
1873 à 1877	Id.	19.50	0.353	2,520,000	0.452	0.548	1,381,000	13	401,000
1878 à 1882	Id.	20.35	0.349	2,700,000	0.435	0.565	1,525,000	18	275,000
1883 à 1887	Id.	21.00	0.346	2,830,000	0.422	0.578	1,636,000	23	183,000
1888 à 1892	Id.	21.45	0.344	2,920,000	0.412	0.588	1,717,000	28	118,000
1893 à 1897	Id.	21.75	0.342	2,980,000	0.407	0.593	1,767,000	33	76,000
1898 à 1902	Id.	22.00	0.342	3,020,000	0.404	0.596	1,800,000	38	48,000
Somme représentant l'ensemble des bénéfices nets à partir de 1903 (n° 47)							3,720,000	40	82,000
TOTAL DES BÉNÉFICES NETS FUTURS ESCOMPTÉS.................									2,464,000

TABLEAU III.

Succession des futures récoltes en supposant :

1° L'étang avivé, à partir de 1863, par une tranche d'eau de mer de 0m 70 de hauteur.
2° Le niveau normal maintenu à la cote 12m 70.
3° L'évacuation des $\frac{52}{100}$ des eaux mères au dehors de La Valduc.

APPORT ANNUEL DE L'AVIVAGE ... { Sel marin .... 640,000qm ; Sels étrangers ... 190,000 } 830,000qm

ÉQUILIBRE DE SALURE.

Degré des eaux de l'étang......... 23° 45
Proportion des sels étrangers ...... $\frac{340}{1000}$

Récolte limite................ 634,000qm
Prix de revient....... 0f 392
Bénéfice net................ 385,000f

ANNÉES des RÉCOLTES.	NIVEAU de l'étang.	DEGRÉ de salure.	PROPORTION des sels étrangers.	RÉCOLTES.	PRIX de revient.	BÉNÉFICE NET par quintal métrique.	BÉNÉFICES nets TOTAUX.	NOMBRE d'années.	BÉNÉFICES NETS escomptés à 10 p. % à 1862.
a	*b*	*c*	*d*	*e*	*f*	*g*	*h*	*i*	*k*
	m.			q. m.	fr.	fr.	fr.		fr.
1863.......	12.40	22°25	0.389	531,000	0.440	0 560	297,000	1	268,000
1864.......	Id.	22.40	0.386	540,000	0.435	0.565	305,000	2	252,000
1865.......	Id.	22.55	0.383	548 000	0.431	0.569	312,000	3	234,000
1866.......	Id.	22.65	0.380	555,000	0.428	0.572	318,000	4	217,000
1867.... ..	Id.	22.75	0.377	561,000	0.425	0.575	323,000	5	200,000
1868.......	Id.	22.80	0.374	566,000	0.422	0.578	327,000	6	184,000
1869.......	Id.	22.85	0.372	571,000	0.420	0.580	331,000	7	170,000
1870.......	Id.	22.89	0.370	575,000	0.417	0.583	335,000	8	156,000
1871.......	Id.	22.93	0.368	579,000	0.415	0.585	339,000	9	144,000
1872.......	Id.	22 97	0 366	582,000	0.413	0.587	342,000	10	132,000
1873 à 1877	Id.	23.00	0.365	3,000,000	0.406	0.594	1,782,000	13	517,000
1878 à 1882	Id.	23.25	0.359	3,040,000	0.401	0.599	1,821,000	18	328,000
1883 à 1887	Id.	23.35	0.354	3,075,000	0.400	0.600	1,845,000	23	207,000
1888 à 1892	Id.	23.39	0.350	3,100,000	0.398	0.602	1,866,000	28	129,000
1893 à 1897	Id.	23.41	0.348	3,115,000	0.397	0.603	1,878,000	33	81,000
1898 à 1902	Id.	23.42	0.347	3,125,000	0.396	0.604	1,888,000	38	51,000
Somme représentant l'ensemble des bénéfices nets à partir de 1903 (n° 51)							3,825,000	40	84,000
TOTAL DES BÉNÉFICES NETS FUTURS ESCOMPTÉS..................									3,354,000

BIBLIOTHÈQUE

TABLEAU IV.

Succession des futures récoltes en supposant :

1° L'étang avivé, à partir de 1863, par une tranche d'eau de mer de 0m 50 de hauteur.
2° Le niveau normal établi à la cote 12m 40.
3° L'évacuation des $\frac{52}{100}$ des eaux mères au dehors de La Valduc.

APPORT ANNUEL DE L'AVIVAGE... { Sel marin....... 457,000qm ; Sels étrangers... 135,000 } 592,000qm

ÉQUILIBRE DE SALURE.

Degré des eaux de l'étang.........	18° 20	Récolte limite................	452,000qm
Proportion des sels étrangers......	$\frac{340}{1000}$	Prix de revient.......	0f 479
		Bénéficet net................	235,000f

ANNÉES des RÉCOLTES.	NIVEAU de l'étang.	DEGRÉ de salure.	PROPORTION des sels étrangers.	RÉCOLTES.	PRIX de revient.	BÉNÉFICE NET par quintal métrique.	BÉNÉFICES nets TOTAUX.	NOMBRE d'années.	BÉNÉFICES NETS escomptés à 10 p. °/o à 1862.
a	*b*	*c*	*d*	*e*	*f*	*g*	*h*	*i*	*k*
	m.			q. m.	fr.	fr.	fr.		fr.
1863.......	12.20	19°95	0.389	460,000	0.475	0.525	241,000	1	219,000
1864.......	12.40	21.80	0.391	513,000	0.448	0.552	283,000	2	234,000
1865.......	Id.	21.60	0 390	509,000	0.450	0.550	280,000	3	210,000
1866.......	Id.	21.40	0.389	504,000	0.452	0.548	276,000	4	189,000
1867.......	Id.	21.25	0.388	500,000	0.455	0.545	272,000	5	169,000
1868.......	Id.	21.10	0.387	496,000	0.457	0.543	269,000	6	152,000
1869.......	Id.	20.95	0.386	492,000	0.459	0.541	266,000	7	136,000
1870.......	Id.	20.80	0.385	489,000	0.461	0.539	263,000	8	122,000
1871.......	Id.	20.65	0.384	486,000	0.463	0.537	260,000	9	110,000
1872.......	Id.	20.50	0.383	483,000	0.464	0.536	259,000	10	100,000
1873 à 1877	Id.	20.40	0.382	2,370,000	0.467	0.533	1.263,000	13	366,000
1878 à 1882	Id.	19.90	0.376	2,340,000	0.471	0.529	1,258,000	18	223,000
1883 à 1887	Id.	19.50	0.370	2,320,000	0.474	0.526	1,220,000	23	137,000
1888 à 1892	Id.	19.20	0.365	2,300,000	0.475	0.525	1,207,000	28	83,000
1893 à 1897	Id.	19.00	0.360	2,285,000	0.476	0.524	1,197,000	33	52,000
1898 à 1902	Id.	18.90	0.356	2,275,000	0.477	0.523	1,190,000	38	32,000
Somme représentant l'ensemble des bénéfices nets à partir de 1903.....							2,365,000	40	52,000
TOTAL DES BÉNÉFICES NETS FUTURS ESCOMPTÉS....................									2,556,000

TABLEAU V.

Succession des futures récoltes en supposant :

1° L'étang avivé, à partir de 1863, par une tranche d'eau de mer de 0m 90 de hauteur.

2° Le niveau normal établi à la cote 12m 70.

3° L'évacuation des $\frac{52}{100}$ des eaux mères au dehors de La Valduc.

Apport annuel de l'avivage ... { Sel marin .... 823,000qm ; Sels étrangers.... 244,000 } 1,067,000qm

ÉQUILIBRE DE SALURE.

Degré des eaux de l'étang.........	25° 00	Récolte limite	693,000qm
Proportion des sels étrangers......	$\frac{340}{1000}$	Prix de revient.......	0f 372
		Bénéfice net.................	435,000f

ANNÉES des RÉCOLTES.	NIVEAU de l'étang.	DEGRÉ de salure.	PROPORTION des sels étrangers.	RÉCOLTES.	PRIX de revient.	BÉNÉFICE NET par quintal métrique.	BÉNÉFICES nets TOTAUX.	NOMBRE d'années.	BÉNÉFICES NETS escomptés à 10 p. % à 1862.
a	*b*	*c*	*d*	*e*	*f*	*g*	*h*	*i*	*k*
	m.			q. m.	fr.	fr.	fr.		fr.
1863.......	12.40	22°60	0.386	545,000	0.433	0.567	309,000	1	281,000
1864.......	Id.	23.10	0.380	570,000	0.420	0.580	330,000	2	273,000
1865.......	Id.	23.50	0.375	590,000	0.410	0.590	348,000	3	261,000
1866.......	Id.	23.85	0.370	609,000	0.402	0.598	364,000	4	249,000
1867.......	Id.	24.20	0.366	627,000	0.395	0.605	379,000	5	235,000
1868.......	Id.	24.50	0.363	643,000	0.389	0.601	393,000	6	222,000
1869.......	Id.	24.75	0.360	657,000	0.383	0.617	405,000	7	208,000
1870.......	Id.	25.00	0.358	668,000	0.379	0.621	415,000	8	193,000
1871.......	Id.	25.00	0.357	670,000	0.378	0.622	416,000	9	176,000
1872.......	Id.	25.00	0.356	671,000	0.378	0.622	417,000	10	161,000
1873 à 1877	Id.	25.00	0.355	3,375,000	0.376	0.624	2,106,000	13	611,000
1878 à 1882	Id.	25.00	0.352	3,390,000	0.375	0.625	2,119,000	18	381,000
1883 à 1887	Id.	25.00	0.350	3,405,000	0.374	0.626	2,131,000	23	239,000
1888 à 1892	Id.	25.00	0.348	3,415,000	0.373	0.627	2,141,000	28	148 000
1893 à 1897	Id.	25.00	0.346	3,425,000	0.372	0.628	2,150,000	33	93,000
1898 à 1902	Id.	25.00	0.345	3,450,000	0.372	0.628	2,154,000	38	58,000
Somme représentant l'ensemble des bénéfices nets à partir de 1903....							4,330,000	40	96,000
TOTAL DES BÉNÉFICES NETS FUTURS ESCOMPTÉS.....................									3,885,000

BIBLIOTH. IMPÉRIALE

TABLEAU VI.

Succession des futures récoltes en supposant :

1° L'étang avivé, à partir de 1863, par une tranche d'eau de mer de 0m 90 de hauteur.
2° Le niveau normal maintenu à la cote 12m 40.
3° L'évacuation complète des eaux mères au dehors de La Valduc.

Apport annuel de l'avivage ... { Sel marin .... 823,000qm ; Sels étrangers ... 244,000 } 1,067,000qm

ÉQUILIBRE DE SALURE.

Degré des eaux de l'étang	24° 20	Récolte limite	810,000qm
Proportion des sels étrangers	230/1000	Prix de revient	0f 338
		Bénéfice net	536,000f

ANNÉES des RÉCOLTES. *a*	NIVEAU de l'étang. *b*	DEGRÉ de salure. *c*	PROPORTION des sels étrangers. *d*	RÉCOLTES. *e*	PRIX de revient. *f*	BÉNÉFICE NET par quintal métrique. *g*	BÉNÉFICES nets TOTAUX. *h*	NOMBRE d'années. *i*	BÉNÉFICES NETS escomptés à 10 p. % à 1862. *k*
	m.			q. m.	fr.	fr.	fr.		fr.
1863	12.40	22°60	0.386	545,000	0.433	0.567	309,000	1	**281,000**
1864	Id.	22.75	0.373	567,000	0.421	0.579	328,000	2	**271,000**
1865	Id.	22.90	0.361	587,000	0.411	0.589	346,000	3	**260,000**
1866	Id.	23.00	0.350	604,000	0.404	0.596	360,000	4	**246,000**
1867	Id.	23.10	0.340	620,000	0.398	0.602	374,000	5	**232,000**
1868	Id.	23.20	0.330	636,000	0.391	0.609	387,000	6	**218,000**
1869	Id.	23.30	0.321	651.000	0.386	0.614	400,000	7	**205,000**
1870	Id.	23.39	0.313	665,000	0.380	0.620	412,000	8	**192,000**
1871	Id.	23.47	0.306	677,000	0.375	0.625	423,000	9	**179,000**
1872	Id.	23.54	0.300	688,000	0.370	0.630	433,000	10	**168,000**
1873 à 1877	Id.	23.60	0.295	3,600,000	0.361	0.639	2,300,000	13	**667,000**
1878 à 1882	Id.	23.80	0.273	3,730,000	0.354	0.646	2,410,000	18	**434,000**
1883 à 1887	Id.	23.90	0.258	3,830,000	0.348	0.652	2,497,000	23	**280,000**
1888 à 1892	Id.	23.95	0.251	3,880,000	0.345	0.655	2,541,000	28	**175,000**
1893 à 1897	Id.	23.98	0.246	3,910,000	0.344	0.656	2,565,000	33	**110,000**
1898 à 1902	Id.	24.00	0.243	3,920,000	0.343	0.657	2,575,000	38	**69,000**
Somme représentant l'ensemble des bénéfices nets à partir de 1903....							8,250,000	40	**116,000**
TOTAL DES BÉNÉFICES NETS FUTURS ESCOMPTÉS									**4,100,000**

BIBLIOTH. IMPERIALE

Tableau B.

Poids de sels en dissolution dans un mètre cube d'eau salée.

DEGRÉS.	POIDS de sels dissous dans 1mc.	DEGRÉS.	POIDS de sels dissous dans 1mc.
	q. m.		q. m.
1°	0.101	16°	1.800
2	0.203	17	1.928
3	0.306	18	2.057
4	0.411	19	2.189
5	0.508	20	2.323
6	0.626	21	2.458
7	0.736	22	2.596
8	0.847	23	2.737
9	0.960	24	2.880
10	1.075	25	3.025
11	1.191	26	3.173
12	1.309	27	3.323
13	1.429	28	3.476
14	1.551	29	3.631
15	1.674	30	3.796

Tableau C.

Variations des chiffres des recettes avec le degré de salure des eaux.

DEGRÉS.	COEFFICIENTS des récoltes.
13°	0.722
14	0.786
15	0.852
16	0.923
17	1.000
18	1.072
19	1.148
20	1.228
21	1.310
22	1.394
23	1.478
24	1.570
25	1.665

Tableau D.

Variations des chiffres des récoltes avec la proportion des sels étrangers.

PROPORTION des sels étrangers	COEFFICIENTS des récoltes.	PROPORTION des sels étrangers	COEFFICIENTS des récoltes.
0.230	1.332	0.380	1.000
0.240	1.310	0.390	0.977
0.250	1.288	0.400	0.954
0.260	1.265	0.410	0.931
0.270	1.243	0.420	0.908
0.280	1.221	0.430	0.886
0.290	1.198	0.440	0.863
0.300	1.176	0.450	0.840
0.310	1.154	0.460	0.817
0.320	1.132	0.470	0.794
0.330	1.110	0.480	0.771
0.340	1.088	0.490	0.748
0.350	1.066	0.500	0.725
0.360	1.044	0.510	0.702
0.370	1.022	0.520	0.679
0.380	1.000		

Tableau E.

Poids de sel marin et de sels étrangers rejetés des salins avec les eaux mères, soit au dedans, soit au dehors de La Valduc.

PROPORTION des sels étrangers.	ÉVACUATION par quintal métrique de récolte.		PROPORTION des sels étrangers.	ÉVACUATION par quintal métrique de récolte.	
	Sels étrangers	Sel marin.		Sels étrangers	Sel marin.
	q. m.	q. m.		q. m.	q. m.
0.230	0.2802	0.0646	0.380	0.6415	0.1423
0.240	0.297	0.066	0.390	0.675	0.150
0.250	0.317	0.069	0.400	0.712	0.158
0.260	0.338	0.073	0.410	0.750	0.166
0.270	0.358	0.077	0.420	0.790	0.175
0.280	0.379	0.081	0.430	0.833	0.185
0.290	0.401	0.086	0.440	0.877	0.195
0.300	0.423	0.091	0.450	0.923	0.205
0.310	0.446	0.096	0.460	0.971	0.216
0.320	0.470	0.102	0.470	1.022	0.227
0.330	0.496	0.108	0.480	1.075	0.239
0.340	0.523	0.114	0.490	1.129	0.251
0.350	0.551	0.120	0.500	1.1036	0.2656
0.360	0.579	0.127	0.510	1.238	0.277
0.370	0.609	0.134	0.520	1.294	0.291
0.380	0.6415	0.1423			

Tableau F.

Poids de sel marin et de sels étrangers évacués au dehors de La Valduc avec les eaux mères de Citis et de Rassuen.

PROPORTION des sels étrangers.	ÉVACUATION par quintal métrique de récolte.		PROPORTION des sels étrangers.	ÉVACUATION par quintal métrique de récolte.	
	Sels étrangers	Sel marin.		Sels étrangers	Sel marin.
	q. m.	q. m.		q. m.	q. m.
0.230	0.146	0.033	0.380	0.333	0.074
0.240	0.154	0.034	0.390	0.351	0.078
0.250	0.165	0.036	0.400	0.370	0.082
0.260	0.175	0.038	0.410	0.390	0.086
0.270	0.185	0.040	0.420	0.411	0.091
0.280	0.196	0.042	0.430	0.433	0.096
0.290	0.207	0.044	0.440	0.456	0.101
0.300	0.219	0.047	0.450	0.480	0.106
0.310	0.231	0.050	0.460	0.505	0.112
0.320	0.244	0.053	0.470	0.532	0.118
0.330	0.257	0.056	0.480	0.559	0.124
0.340	0.271	0.059	0.490	0.587	0.130
0.350	0.285	0.062	0.500	0.616	0.137
0.360	0.300	0.066	0.510	0.644	0.144
0.370	0.316	0.070	0.520	0.673	0.151
0.380	0.333	0.074			

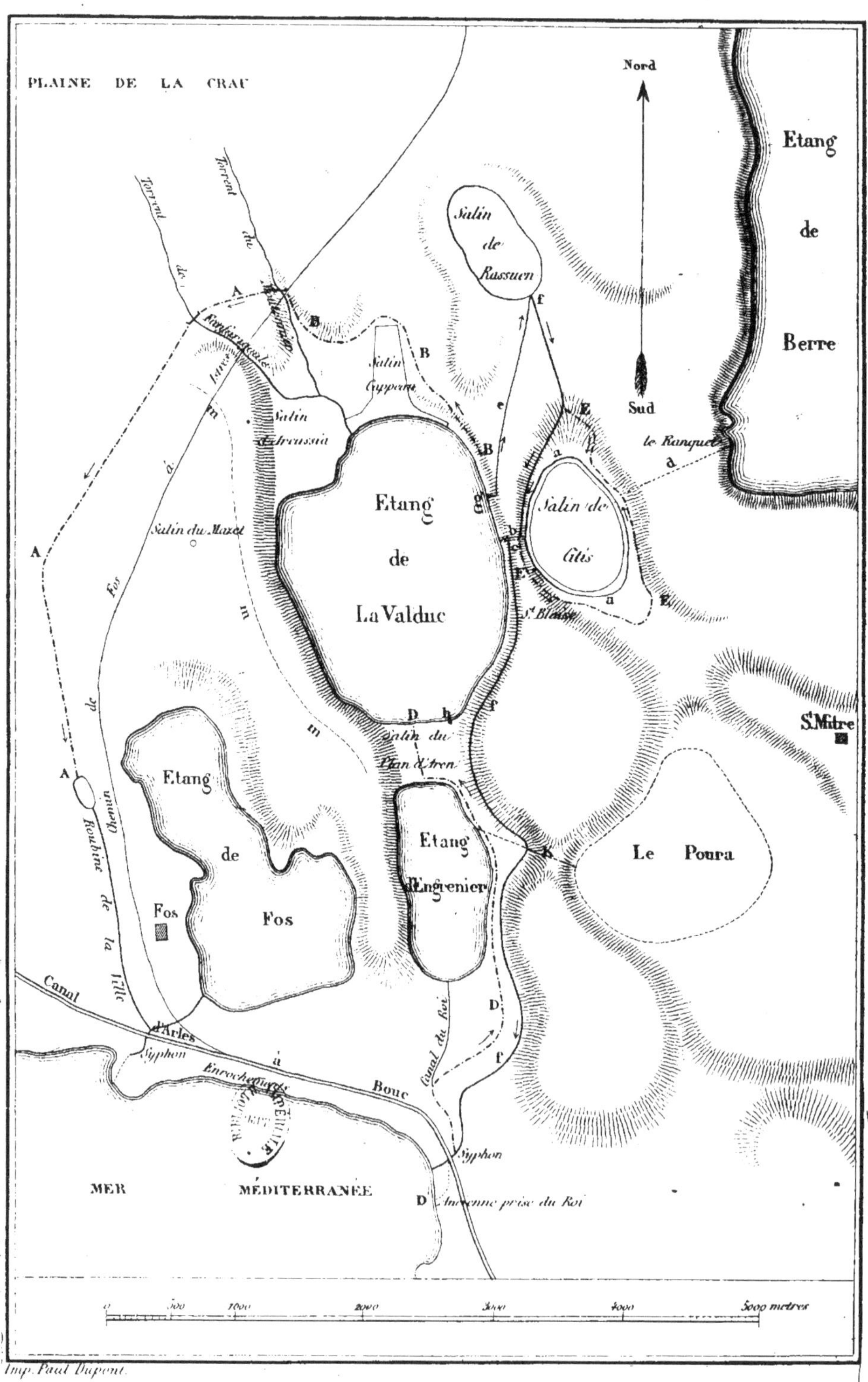

Imp. Paul Dupont.

www.ingramcontent.com/pod-product-compliance
Ingram Content Group UK Ltd.
Pitfield, Milton Keynes, MK11 3LW, UK
UKHW021053260726
13994UKWH00002B/529